MARTIN ERHARDT/MARKUS HÄFELE

Wirtschaftsprüfung *kompakt*

Martin Erhardt/Markus Häfele

# Wirtschaftsprüfung *kompakt*

3., überarbeitete und erweiterte Auflage

Edition Wissenschaft & Praxis

Bibliografische Information der Deutschen Nationalbibliothek

Die Deutsche Nationalbibliothek verzeichnet diese Publikation in
der Deutschen Nationalbibliografie; detaillierte bibliografische Daten
sind im Internet über http://dnb.d-nb.de abrufbar.

Alle Rechte vorbehalten
© 2021 Edition Wissenschaft & Praxis
bei Duncker & Humblot GmbH, Berlin
Druck: mediaprint solutions GmbH, Paderborn
Printed in Germany

ISSN 2702-2234
ISBN 978-3-89673-767-0 (Print)
ISBN 978-3-89644-767-8 (E-Book)

Gedruckt auf alterungsbeständigem (säurefreiem) Papier
entsprechend ISO 9706 ∞

Internet: http://www.duncker-humblot.de

# Vorwort

Die vorliegende neu überarbeitete Auflage wurde im Verlauf mehrerer Vorlesungen zur Wirtschaftsprüfung im Schwerpunkt an der Hochschule Pforzheim entwickelt, um insbesondere Studierende mit den wesentlichen Grundlagen der gesetzlich vorgeschriebenen Jahresabschlussprüfung von Kapitalgesellschaften vertraut zu machen. Mit ihr soll die Möglichkeit geschaffen werden, den Vorlesungen aufmerksam folgen zu können und gleichzeitig eine Unterlage für die Klausurvorbereitung zu haben. Dabei wurde dem heutzutage vorhandenen Verlangen nach kompakten Übersichten besonders Rechnung getragen. Da Wissen immer häufiger unter Zeit- und Erfolgsdruck erworben oder reaktiviert werden muss, eignen sich Übersichtsdarstellungen besonders dafür, rasch einen Überblick über das Fachgebiet zu gewinnen und begünstigen somit ökonomisches Lernen.

So lassen sich auch „Einsteigern" wesentliche Zusammenhänge strukturiert verdeutlichen, die sich dann beim weitergehenden Studium vertiefen lassen. Der studierende, lernende oder interessierte Leser ist daher aufgerufen, die angesprochenen Verweise in den jeweiligen Gesetzestexten sowie die Verlautbarungen des Berufsstandes der Wirtschaftsprüfer (IDW Prüfungsstandards bzw. International Standards on Auditing, ISA) nachzulesen, um die vorliegenden kompakten Darstellungen in Ruhe nachvollziehen zu können. Die im Folgenden angegebene Fachliteratur eignet sich in hervorragender Weise zur weiteren Vertiefung der Grundlagen, welche durch die vorliegende Veröffentlichung vermittelt werden.

Wir hoffen, dass die Leser der dritten Auflage uns weiterhin auf Fehler, Unklarheiten und Lücken hinweisen. Den inserierenden Wirtschaftsprüfungs- und Steuerberatungsgesellschaften danken wir dafür, dass sie auf der Suche nach guten Praktikant(inn)en und/oder Absolvent(inn)en dieses Lehrbuch durch die Einbringung von Stellenanzeigen unterstützen. Ohne sie wäre diese Form der Veröffentlichung nicht möglich gewesen. Weisen Sie bitte bei Ihrer Bewerbung auf die Anzeige in diesem Buch hin!

Pforzheim, im Januar 2021 *Prof. Dr. Martin Erhardt* *Prof. Dr. Markus Häfele*

# Inhaltsverzeichnis

1. **Begriffe und Grundlagen** .......... 1
   1.1 Begriffliche Klarstellung und Abgrenzung .......... 1
   1.2 Prüfungstheoretische Grundlagen .......... 3

2. **Pflicht zur Jahresabschlussprüfung** .......... 7
   2.1 Grundlegende Prüfungspflicht für den Jahresabschluss von Kapitalgesellschaften und Kapitalgesellschaften & Co. .......... 7
   2.2 Spezifische, analoge und hilfsweise Prüfungspflichten .......... 10
   2.3 Konsequenzen eines Verstoßes gegen die Prüfungspflicht .......... 11

3. **Zur Jahresabschlussprüfung zugelassene Prüfungsorgane** .......... 12
   3.1 Gesetzliche Normierung .......... 12
   3.2 Berufsrechtliche Anerkennung .......... 14
   3.3 Berufsständische Anforderungen .......... 20
   3.4 Berufsgrundsätze ordnungsmäßiger Abschlussprüfung .......... 31

4. **Haftung der Prüfungsorgane** .......... 32

## 5. Berufsorganisation, -aufsicht und -gerichtsbarkeit — 37
   5.1 Berufsorganisation und -aufsicht .................................................. 37
   5.2 Berufsgerichtsbarkeit .................................................................. 40

## 6. Bestellung des Abschlussprüfers — 41
   6.1 Wahl des Abschlussprüfers ......................................................... 41
   6.2 Auftragserteilung ........................................................................ 42
   6.3 Gerichtliche Bestellung des Abschlussprüfers ........................... 44
   6.4 Ausschlussgründe ....................................................................... 45
   6.5 Überlegungen des Prüfers bezüglich der Auftragsannahme ...... 49

## 7. Planung und Vorbereitung der Jahresabschlussprüfung — 51
   7.1 Planung nach dem risikoorientierten Prüfungsansatz ................ 56
       7.1.1 Grundlagen des risikoorientierten Prüfungsansatzes ...... 60
            7.1.1.1 Bestimmung der Wesentlichkeitsgrenzen (ISA (DE) 320, IDW PS 250) ........... 60
            7.1.1.2 Bestimmung des Prüfungsrisikos (ISA (DE) 315, ISA (DE) 330, IDW PS 261) ..... 64
       7.1.2 Informationsgrundlagen der Prüfungsplanung .................. 73
       7.1.3 Aufgaben und Gegenstand der Prüfungsplanung ............. 74
       7.1.4 Umfang der Prüfungsplanung ........................................... 81

   7.1.5 Einfluss des Prüfungsrisikos auf die Prüfungsplanung ................................. 85

      7.1.5.1 Prüfung des Internen Kontrollsystems ...................................... 88

      7.1.5.2 Urteilssicherheit der Prüfungsmethoden .................................... 96

      7.1.5.3 Sicherheitsbeiträge der Prüfungsmethoden unter Berücksichtigung der Prüfungskosten ................................................................................... 98

      7.1.5.4 Risikoorientierte Kombination der Prüfungsmethoden unter Berücksichtigung der Prüfungskosten ........................................................... 99

   7.1.6 Zusammenfassung risikoorientierte Prüfungsplanung ................................ 100

 7.2 Vorbereitung der Jahresabschlussprüfung ............................................................. 102

 7.3 Geschäftsprozessorientierter Prüfungsansatz ........................................................ 108

 7.4 Fraud-Prüfung (ISA (DE) 240; IDW PS 210) ........................................................ 110

**8. Durchführung der Jahresabschlussprüfung von Kapitalgesellschaften 114**

 8.1 Prüfung der Fortführungsprämisse (going concern) .............................................. 114

 8.2 Prüfung der Unternehmensgrößenklasse ............................................................... 116

 8.3 Prüfung des Risikofrüherkennungssystems (IDW PS 340) ................................... 118

 8.4 Prüfung des Systems des Rechnungswesens ......................................................... 121

 8.5 Ausgewählte Prüfgebiete und Prüfungsgegenstände in der Bilanz ....................... 123

   8.5.1 Immaterielle Vermögensgegenstände und Sachanlagen ............................. 123

       8.5.2   Finanzanlagen ................................................ 129

       8.5.3   Vorratsvermögen ............................................. 132

       8.5.4   Forderungen und Sonstige Vermögensgegenstände ................. 136

       8.5.5   Eigenkapital ................................................. 139

       8.5.6   Rückstellungen .............................................. 141

   8.6  Prüfung der Gewinn- und Verlustrechnung ............................ 147

   8.7  Prüfung des Anhangs .............................................. 148

   8.8  Prüfung des Lageberichts .......................................... 152

**9.  Berichterstattung über die Jahresabschlussprüfung von Kapitalgesellschaften    155**

   9.1  Prüfungsbericht .................................................. 155

   9.2  Bestätigungsvermerk ............................................. 158

**10.  Digitalisierung der Wirtschaftsprüfung    161**

   10.1 Anforderungen und Herausforderungen ............................. 163

   10.2 Veränderungen in der Prüfungsdurchführung ........................ 169

**11.  Musterklausuren    173**

# Abkürzungsverzeichnis

| | | | |
|---|---|---|---|
| Abs. | Absatz | DCGK | Deutscher Corporate Governance Kodex |
| Abschn. | Abschnitt | | |
| AG | Aktiengesellschaft | DRS | Deutscher Rechnungslegungsstandard |
| AktG | Aktiengesetz | DRSC | Deutsches Rechnungslegungsstandard Committee e.V. |
| allg. | allgemein | | |
| alph. | alphabetisch | EDV | Elektronische Datenverarbeitung |
| APr. | Abschlussprüfer | EGHGB | Einführungsgesetz zum Handelsgesetzbuch |
| AR | Risiko analytischer Prüfungshandlungen | | |
| Aufl. | Auflage | EK | Eigenkapital |
| AV | Anlagevermögen | EPS | Entwurf Prüfungsstandard |
| BaFin | Bundesanstalt für Finanzaufsicht | ER | Entdeckungsrisiko |
| Best. | Bestand/Bestellung | EStG | Einkommensteuergesetz |
| BGB | Bürgerliches Gesetzbuch | EStR | Einkommensteuerrichtlinie |
| BGH | Bundesgerichtshof | etc. | et cetera |
| BPG | Buchprüfungsgesellschaft | f./ff. | folgende/fortfolgende |
| BRD | Bundesrepublik Deutschland | FE | Fertigerzeugnisse |
| BV | Bestätigungsvermerk | FEE | Fédération des Experts Comptables Européens |
| bzw. | beziehungsweise | | |
| d.h. | das heißt | FG | Fachgutachten |

# Abkürzungsverzeichnis

| | | | |
|---|---|---|---|
| FIFO | First In First Out | HWRP | Handwörterbuch der Rechnungslegung und Prüfung |
| FR | Fehlerrisiko | | |
| FuE | Forschung und Entwicklung | i.d.F. | in der Fassung |
| gem. | gemäß | IK | Interne Kontrolle |
| GenG | Genossenschaftsgesetz | i.R.(d.) | im Rahmen (der) |
| GewSt | Gewerbesteuer | i.S. | im Sinne |
| GF | Geschäftsführung | i.V.m. | in Verbindung mit |
| ggf. | gegebenenfalls | IAS | International Accounting Standards |
| GKV | Gesamtkostenverfahren | IASB | International Accounting Standards Board |
| GmbH | Gesellschaft mit beschränkter Haftung | | |
| GmbHG | Gesetz betreffend die Gesellschaften mit beschränkter Haftung | IDW | Institut der Wirtschaftsprüfer e.V. |
| | | IFAC | International Federation of Accountants |
| GoB | Grundsätze ordnungmäßiger Buchführung | IFRS | International Financial Reporting Standard |
| GuV | Gewinn- und Verlustrechnung | IKS | Internes Kontrollsystem |
| HFA | Hauptfachausschuss | insb. | insbesondere |
| HGB | Handelsgesetzbuch | IR | Inhärentes Risiko |
| HR | Handelsregister | ISA | International Standard on Auditing |
| HV | Hauptversammlung | IT | Informationstechnologie |

## Abkürzungsverzeichnis

| | | | |
|---|---|---|---|
| iÜs | internes Überwachungssystem | Nr. | Nummer |
| JA | Jahresabschluss | NWP | Niederstwertprinzip |
| JÜ | Jahresüberschuss | o. | oder |
| KA | Konzernabschluss | o.ä. | oder ähnliche |
| KapG | Kapitalgesellschaft | OHG | Offene Handelsgesellschaft |
| KG | Kommanditgesellschaft | OLG | Oberlandesgericht |
| KGaA | Komanditgesellschaft auf Aktien | PH | Prüfungshandlung/Prüfungshinweis |
| KI | Kreditinstitut | PR | Prüfungsrisiko |
| KIFO | Konzern In First Out | PS | Prüfungsstandard |
| KILO | Konzern In Last Out | PublG | Publizitätsgesetz |
| KMU | Kleine und mittlere Unternehmen | PWB | Pauschalwertberichtigung |
| KR | Internes Kontrollrisiko | RAP | Rechnungsabgrenzungsposten |
| KSt | Körperschaftsteuer | RBW | Restbuchwert |
| KWG | Kreditwesengesetz | rechn. | rechnerisch |
| LB | Lagebericht | Rg. | Rechnung |
| LIFO | Last In First Out | RFS | Risikofrüherkennungssystem |
| math. | mathematisch | RHB | Roh-, Hilfs- und Betriebstoffe |
| max. | maximal | ROI | Return on Investment |
| Mio. | Millionen | RS | Stellungnahme zur Rechnungslegung |

# Abkürzungsverzeichnis

| | | | |
|---|---|---|---|
| s. | siehe | u.U. | unter Umständen |
| S. | Seite | UV | Umlaufvermögen |
| Sp. | Spalte | VAG | Versicherungsaufsichtsgesetz |
| SR | Stichprobenrisiko | v. | von |
| statist. | statistisch | vBP | vereidigter Buchprüfer |
| StB | Steuerberater | VFE-Lage | Vermögens-, Finanz- und Ertragslage |
| T€ | Tausend Euro | VO | Verordnung |
| Tz. | Textziffer | vs. | versus |
| u. | und | WP | Wirtschaftsprüfer |
| u.a. | unter anderem | WPG | Wirtschaftsprüfungsgesellschaft |
| UE | unfertige Erzeugnisse | WPK | Wirtschaftsprüferkammer |
| UKV | Umsatzkostenverfahren | WPO | Wirtschaftsprüferordnung |
| unabh. | unabhängig | z.B. | zum Beispiel |
| Unt. | Unternehmen | zeitl. | Zeitlich |
| USt. | Umsatzsteuer | ZW | Zeitwert |

# Literaturempfehlungen

*Beck'scher Bilanzkommentar*: Der Jahresabschluss nach Handels- und Steuerrecht; Konzernabschluss, Prüfung und Offenlegung, 12. Aufl., München 2020.

*Coenenberg*, A. G.: Jahresabschluss und Jahresabschlussanalyse, 25. Aufl., Landsberg/Lech 2018.

*Downar*, B./*Fischer*, D.: Wirtschaftsprüfung im Zeitalter der Digitalisierung, in: R. Obermaier (Hrsg.), Handbuch Industrie 4.0 und Digitale Transformation, S. 753 – 779 (Onlineartikel).

*Graumann*, M.: Wirtschaftliches Prüfungswesen, 6. Aufl., Herne 2020.

*Häfele*, M./*Weigold*, C.: Die risikoorientierte Abschlussprüfung nach den ISA, Herne 2016.

*Häfele*, M: Kommentierung §§ 316 ff. HGB (Gesetzliche Abschlussprüfung), in: Kirsch (Hrsg.) – Rechnungslegung (Bonner Kommentar), Loseblatt, 2. Auflage, Bonn.

*Häfele*, M./*Schmeisky*, J.: Fraud Red Flags – Warnsignale zur Erkennung wirtschaftskrimineller Handlungen, in: ZRFC Risk, Fraud & Compliance, 5/2010, S. 233 – 238, Erich Schmidt Verlag, 2010.

*IDW* (Hrsg.): WP-Handbuch, Hauptband, 17. Aufl., Düsseldorf 2021.

*IDW* (Hrsg.): Grundsätze ordungsmäßiger Abschlussprüfung, Düsseldorf 2020.

*IDW* (Hrsg.): IDW Prüfungsstandards (IDW PS)/IDW Stellungnahmen zur Rechnungslegung (IDW RS)/ IDW Standards (IDW S) einschließlich der dazugehörigen Entwürfe sowie IDW Prüfungs- und IDW Rechnungslegungshinweise (IDW PH und IDW RH).

## Literaturempfehlungen

*Marten*, K.-U./*Quick*, R./*Ruhnke*, K.: Wirtschaftsprüfung, 6. Aufl., Stuttgart 2020.

*Meier*, S.: Die Abschlussprüfung steht vor der digitalen Revolution, in: Springer Professional vom 12.09.2019 (Onlineartikel).

*Messier*, W. F.: Auditing: a systematic approach, 11. Aufl., Boston/New York/San Francisco 2019.

*Selchert*, F. W.: Jahresabschlussprüfung der Kapitalgesellschaften: Grundlagen – Durchführung – Bericht, 2. Aufl., Wiesbaden 1996.

# 1. Begriffe und Grundlagen
## 1.1 Begriffliche Klarstellung und Abgrenzung

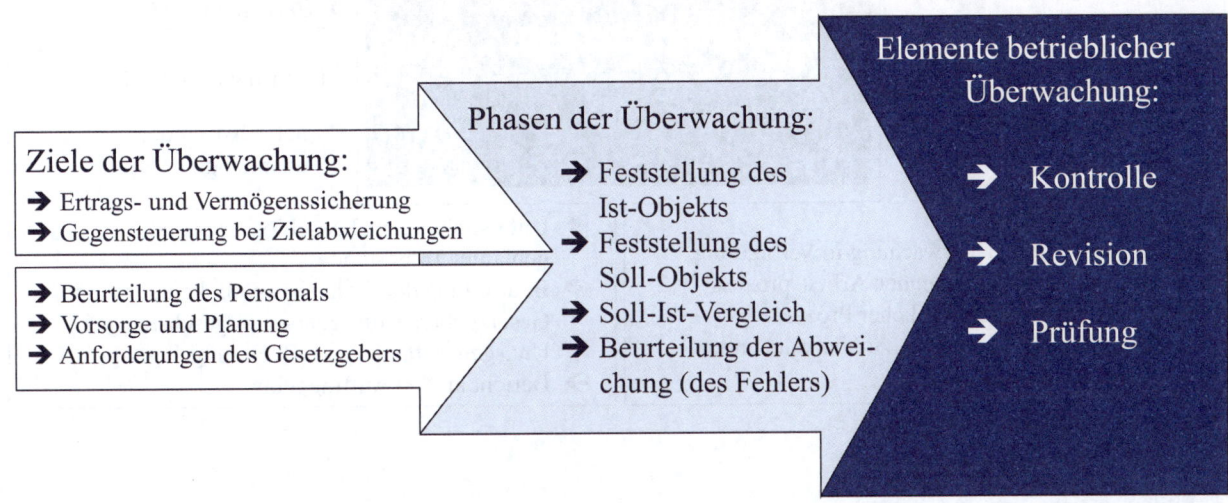

# 1. Begriffe und Grundlagen

### Controlling:
→ Informationszentrum im Unternehmen
→ systematisch geordnete und verdichtete Informationen bereitstellen
→ Informationen dienen der Planung, Kontrolle und Steuerung des Unternehmens

### Interne Revision:
→ auf Mitarbeiter delegiert
→ vom zu überwachenden Arbeitsprozess unabhängig
→ rückblickende Untersuchungen abgeschlossener Tatbestände
→ Beurteilung der Ordnungsmäßigkeit betrieblicher Bereiche
→ Bericht an die GF

## Abgrenzung

### Kontrolle:
→ Feststellung durch Mitarbeiter, ob und wie Geplantes verwirklicht wurde
→ kontinuierliche Überwachung in Verbindung mit dem zu überwachenden Arbeitsprozess
→ ggf. Anpassung betrieblicher Prozesse
→ Bericht an den Leiter des zu überwachenden Arbeitsprozesses

### Abschlussprüfung:
→ betriebsfremder, unabhängiger Dritter.
→ Untersuchungen abgeschlossener und geplanter Tatbestände
→ Beurteilung der Ordnungsmäßigkeit der vom Gesetzgeber/Auftraggeber vorgeschriebenen Unt.-gegenstände (z.B. Rechnungslegung)
→ Bericht an den Auftraggeber

## 1.2 Prüfungstheoretische Grundlagen

grundsätzliche Reglementierung der Jahresabschlussprüfung von Kapitalgesellschaften*

- ➔ § 316 Abs. 1 Satz 1 HGB
- ➔ § 317 Abs. 1 HGB
- ➔ § 319 Abs. 1 HGB
- ➔ § 321 Abs. 1 HGB
- ➔ § 322 Abs. 1 HGB

➢ Gesetzliche Normierung fixiert:
- ➔ das Prüfungsorgan,
- ➔ den Prüfungsumfang (Jahresabschluss, Lagebericht, Buchführung, Prozesse),
- ➔ die Prüfungsnormen (u.a. Gesetz (HGB, KWG, VAG), Satzung, Verlautbarungen des Berufsstandes, IDW PS, IDW PH – beachte: zukünftig ISA, § 317 Abs. 5 HGB),
- ➔ die Art des verlangten Ergebnisses (Prüfungsurteil).

➢ Vielzahl anderer Jahresabschlussprüfungen erfolgt nach diesem Vorbild (PublG, freiwillige Jahresabschlussprüfung)

➢ Prüfungsurteil = Ergebnis eines gedanklichen Vorgangs, der von den realen Prüfungsgegenständen und den realen/gedachten Prüfungsnormen ausgeht.

\* bzw. Kapitalgesellschaften gleichgestellte Personengesellschaften gemäß § 264a HGB

## 1. Begriffe und Grundlagen

**Ist-Ermittlung:**
Fixierung des Prüfungsgegenstands, § 317 Abs. 1 HGB (Informationsgewinnung)

**Soll-Ermittlung:**
Festlegung der Prüfungsnorm und der Wesentlichkeit im Rahmen der Planung

**Soll-Ist-Vergleich:**
Vergleich vom Realisierten und vom Geforderten:

- progressiv
  (vom wirtschaftlichen Sachverhalt zum Jahresabschluss)

- retrograd
  (vom Jahresabschluss zum wirtschaftlichen Sachverhalt)

**Urteilsbildung:**

Übereinstimmung

bzw.

Quantifizierung und Bewertung der Abweichung

## 1.2 Prüfungstheoretische Grundlagen

### Probleme der Ist-Ermittlung

→ Festlegung Prüfungsgegenstand (z.B. Vermögensgegenstände, Prozesse, ungewisse Verbindlichkeiten, Verpflichtungen, Risiken)
→ Suche nach Informationen und Fehlern durch Zählen, Messen, Wiegen, Einholen von Bestätigungen/Auskünften
→ Wesentlichkeit (IDW PS 250, ISA (DE) 320)
→ Wirtschaftlichkeit

### Probleme der Soll-Ermittlung

→ präzise, eng gefasste Vorschriften (§ 266 Abs. 2, 3 HGB) gegenüber Wahlrechten und unbestimmten Rechtsbegriffen (z.B. § 264 Abs. 2 Sätze 1, 2, § 248 Abs. 2 HGB)
→ ausschöpfbare Ermessens- und Beurteilungsspielräume (Gefahr: Erwartungslücke)

### Probleme der Urteilsbildung

→ Wertung des Vergleichsergebnisses
→ (gewichtete) Zusammenfassung der Vergleichsergebnisse zu einem Gesamturteil (§ 322 HGB)
→ Abhängigkeit von zukünftigen Ereignissen (Risiko- und Prognosebericht § 289 HGB etc.)

Martin Erhardt

# Unternehmensbewertung *kompakt*

Das Berufsexamen der Wirtschaftsprüfer ist nur dann erfolgreich zu bestehen, wenn die bzw. der zu Prüfende über umfassende Kenntnisse hinsichtlich der Bewertung von Unternehmen verfügt. Diese Veröffentlichung wurde für die Vorlesung zur Unternehmensbewertung im Studiengang Master of Auditing and Taxation an der Hochschule Pforzheim entwickelt, um insbesondere Studierende mit dem Berufsziel Wirtschaftsprüfer mit den wesentlichen Grundlagen der Unternehmensbewertung vertraut zu machen. Mit ihr soll daher die Möglichkeit geschaffen werden, der Vorlesung aufmerksam zu folgen und gleichzeitig eine Unterlage für die Klausur- und Examensvorbereitung zu haben. Dabei wurde dem heutzutage vorhandenen Verlangen nach kompakten Übersichten besonders Rechnung getragen. Wissen muss immer häufiger unter enormem Zeit- und Erfolgsdruck erworben oder reaktiviert werden. Deshalb eignen sich Übersichtsdarstellungen besonders dafür, rasch einen Überblick über das Fachgebiet zu gewinnen und begünstigen somit ökonomisches Lernen. Der studierende, lernende oder interessierte Leser ist dabei zudem aufgerufen, den Inhalt des Buches mit der vielfach vorhandenen Fachliteratur punktuell abzugleichen und in Ruhe nachzuvollziehen. Die in diesem Buch angegebene Fachliteratur eignet sich in hervorragender Weise zur weiteren Vertiefung der Grundlagen, welche hier vermittelt werden.

Edition Wissenschaft & Praxis

XIV, 134 Seiten, 2021
ISBN 978-3-89673-765-6, € 29,90
Titel auch als E-Book erhältlich.

# 2. Pflicht zur Jahresabschlussprüfung

## 2.1 Grundlegende Prüfungspflicht für den Jahresabschluss von Kapitalgesellschaften und Kapitalgesellschaften & Co

Zentrale Vorschrift: **§ 316 Abs. 1 Satz 1 HGB***

- Jahresabschluss (JA) und Lagebericht (LB) (§§ 242 Abs. 3, 264 Abs. 1 Satz 1 HGB)
- Rumpfgeschäftsjahr (z.B. Gründung, Umwandlung, Verschmelzung)
- gilt für AG, KGaA und GmbH (§ 264 Abs. 1 Satz 1 HGB), für AG gilt evtl. § 317 Abs. 4 HGB
- Änderung des JA/LB nach Vorlage des Prüfungsberichts (Nachtragsprüfung gemäß § 316 Abs. 3 HGB)
- gilt für Kapitalgesellschaft & Co. OHG/KG (§ 264a Abs. 1 HGB)
- nicht kleine und Kleinstkapitalgesellschaften (§ 267 Abs. 1; § 267a HGB), § 267 Abs. 3 Satz 2 HGB!

* Für Unternehmen von öffentlichem Interesse (PIE) gilt § 316a HGB.

## 2. Pflicht zur Jahresabschlussprüfung

| Abgrenzungsmerkmale gem. §§ 266, 275 HGB | Kleine Kapitalgesellschaft | Mittelgroße Kapitalgesellschaft | Große Kapitalgesellschaft |
|---|---|---|---|
| Bilanzsumme | < 6 Mio € | ≤ 20 Mio € | > 20 Mio € |
| Umsatzerlöse | < 12 Mio € | ≤ 40 Mio € | > 40 Mio € |
| Anzahl Mitarbeiter | < 50 AN Ø | ≤ 250 AN Ø | > 250 AN Ø |
| Prüfungspflicht, § 316 HGB | Nein | Ja | Ja |

Nach § 267 Abs. 4 HGB findet ein Wechsel der Größenklasse dann statt, wenn jeweils **zwei der Merkmale** Bilanzsumme, Umsatzerlöse und durchschnittliche Anzahl der Arbeitnehmer an **zwei aufeinander folgenden Stichtagen** über- bzw. unterschritten werden. Eine Besonderheit ergibt sich bei Gesellschaften, die einen organisierten Markt in Anspruch nehmen. Diese zählen gemäß § 267 Abs. 3 HGB unabhängig von ihrer Größe immer zu den großen Kapitalgesellschaften und sind daher stets **prüfungspflichtig**. Bei börsennotierten Aktiengesellschaften besteht – unabhängig von der Größe der Gesellschaft – nach **§ 317 Abs. 4 HGB i.V.m. § 91 Abs. 2 AktG** zusätzlich die Pflicht, Vorhandensein und Effektivität des durch den Vorstand errichteten Überwachungssystems (= **Risikofrüherkennungssystem**) zu prüfen.

## 2.1 Grundlegende Prüfungspflicht für den Jahresabschluss von Kapitalgesellschaften

| | |
|---|---|
| **Kleine und Kleinstkapitalgesellschaften*** | Keine Prüfungspflicht, § 316 Abs. 1 Satz 1 HGB, § 267a HGB |
| **Mittelgroße Kapitalgesellschaften*** | Jahresabschluss, Lagebericht, § 316 Abs. 1 Satz 1 HGB |
| **Große Kapitalgesellschaften*** | Jahresabschluss, Lagebericht, § 316 Abs. 1 Satz 1 HGB, § 316a HGB Börsennotierte AG: § 317 Abs. 4 HGB (RFS) |
| **Konzerne (Mutterunternehmen = KapG)** | Prüfungspflicht, § 316 Abs. 2 HGB |
| **Nicht-Kapitalgesellschaften** | Prüfungspflicht evtl. nach § 6 Abs. 1 und § 14 Abs. 1 PublG |

* bzw. Kapitalgesellschaften gleichgestellte Personengesellschaften gemäß § 264a HGB

## 2.2 Spezifische, analoge und hilfsweise Prüfungspflichten

**spezifische Prüfungspflicht**

z.B. Kreditinstitute und Versicherungsunternehmen (§ 340k HGB = § 341k HGB: ... unabhängig von ihrer Größe ...): besondere Vorschriften zur Rechnungslegung gem. §§ 340a ff. HGB, besondere Pflichten des Prüfers gem. § 29 KWG, § 57 VAG. Bundesanstalt für Finanzdienstleistungsaufsicht (BaFin) kann auf die Prüferbestellung Einfluss nehmen (§ 28 KWG, § 58 Abs. 2 VAG), Prüfungsrichtlinien erlassen, den Inhalt des Prüfungsberichts bestimmen sowie Ergänzungen verlangen u. Erläuterungen des Prüfungsberichts anfordern (§ 29 Abs. 3, 4 KWG, § 59 VAG).*

**analoge Prüfungspflicht**

➢ Genossenschaften gem. § 53 GenG
➢ Einzelkaufleute, Personengesellschaften, wirtschaftliche Vereine, privatrechtliche Stiftungen sowie Körperschaften gem. § 6 Abs. 1 i.V.m. § 1 Abs. 1 PublG
➢ gem. Gesellschaftsvertrag oder Satzung o.ä.

**hilfsweise Prüfungspflicht**

im Rahmen der Konzernabschlussprüfung (§§ 316 Abs. 2, 317 Abs. 3 HGB):
→ kleine Kapitalgesellschaften
→ Personengesellschaften, die nicht unter das PublG fallen

## 2.3 Konsequenzen eines Verstoßes gegen die Prüfungspflicht

**§ 316 Abs. 1 S. 2 HGB: keine Feststellung des JA** (Gründe für die Nicht-Prüfung sind unerheblich)

Feststellung trotz fehlender Prüfung: Nichtigkeit (§ 256 Abs. 1 Nr. 2 AktG)
- nicht festgestellter JA entfaltet keine Rechtswirkungen:
- keine rechtswirksame Gewinnausschüttung
- u.U. keine steuerliche Wirkung, Finanzverwaltung schätzt

Konzernabschluss (KA):
- unterlassene wesentl. Einzelabschlussprüfungen stehen der Erteilung eines uneingeschränkten Bestätigungsvermerks entgegen
- befreiende Wirkung des KA gem. §§ 291, 292 HGB bzw. § 11 Abs. 6 PublG in Frage gestellt

Aktienrechtliche Nichtigkeitsvorschrift gilt für GmbH analog

Ebenso gem. § 6 Abs. 1 Satz 1 PublG, Kreditinstitute gem. § 340k Abs. 1 Satz 3 HGB, Versicherungsunternehmen gem. § 341k Abs. 1 Satz 3 HGB

Ordnungsgeld gem. § 335 Abs.1 HGB; max. € 25.000

Reaktionen der Geschäftspartner (Kreditgeber, Lieferanten etc.) mögliche Reputationsschäden

## 3. Zur Jahresabschlussprüfung zugelassene Prüfungsorgane
### 3.1 Gesetzliche Normierung

gesetzliche Zulässigkeit
des Prüfers bzw.
der Prüfungsgesellschaft

§ 319 Abs. 1 HGB

- ➢ Nichtigkeit der Abschlussprüferbestellung (z.B. vBP soll AG prüfen) ➔ Prüfung hat zu unterbleiben
- ➢ <u>Vorsicht:</u>
bei Änderung der Größenmerkmale der GmbH (mittelgroß ➔ groß),
Kapitalmarktorientierung
- ➢ Kreditinstitute und Versicherungsunternehmen (§§ 340k Abs. 1 HGB, 341k Abs. 1 HGB) können sich unabhängig von Rechtsform und Größe nur vom WP oder von einer WPG prüfen lassen.

## 3.1 Gesetzliche Normierung

**Aufgaben des Wirtschaftsprüfers**

§ 2 Abs. 1 WPO

- Durchführung von betriebswirtschaftlichen Prüfungen, insbesondere von Jahresabschlüssen wirtschaftlicher Unternehmen, und die Erteilung von Bestätigungsvermerken über die Vornahme und das Ergebnis solcher Prüfungen (**Vorbehaltsaufgabe**).
- Beratung in steuerlichen Angelegenheiten.
- Tätigkeit als Sachverständiger.
- Beratung in wirtschaftlichen Angelegenheiten.
- Wahrung fremder Interessen.
- Treuhänderische Verwaltung.

## 3.2 Berufsrechtliche Anerkennung

Voraussetzungen:
- Vorbildung (§ 8 WPO) und Prüfungstätigkeit (§ 9 WPO)
- Anrechnung von Prüfungsleistungen gemäß §§ 8a, 13, 13b WPO
- erfolgreiche Ablegung des WP-Examens (§§ 12 ff. WPO)
- Ablegen des Berufseids (§ 17 Abs. 1 WPO)
- Nachweis der vorläufigen Deckungszusage auf den Antrag einer Berufshaftpflichtversicherung bei selbständiger Tätigkeit (§ 16 Abs. 1 Nr. 3 WPO)
- keine Ausübung gewerblicher Tätigkeit oder Tätigkeit in abhängiger Stellung (außer in wissenschaftlichen Instituten oder Prüfungsunternehmen) (§ 43a Abs. 3 WPO)
- keine Versagungsgründe gemäß § 16 WPO

Die Bestellung als WP erfolgt gemäß § 15 WPO nach bestandener Prüfung; auf Antrag Aushändigung einer von der Wirtschaftsprüferkammer ausgestellten Urkunde.

Bestellung zum WP bzw. vBP kann
- erlöschen (Verzicht, Ausschluss aus dem Beruf, Tod),
- zurückgenommen (unrechtmäßige Erlangung, § 20 Abs. 1 WPO) oder
- widerrufen (§ 20 Abs. 2 WPO)

werden.

## Inhalte WP-Examen*

| | |
|---|---|
| **Wirtschaftliches Prüfungswesen, Unternehmensbewertung, Berufsrecht** | Rechnungslegung, Prüfung, Grundzüge und Prüfung der Informationstechnologie, Bewertung von Unternehmen und Unternehmensanteilen, Berufsrecht, insbesondere Organisation des Berufs, Berufsaufsicht, Berufsgrundsätze und Unabhängigkeit. (Zwei Klausuren) |
| **Angewandte Betriebswirtschaftslehre, Volkswirtschaftslehre** | Angewandte Betriebswirtschaftslehre einschließlich methodischer Problemstellungen der externen Rechnungslegung, der Corporate Governance und der Unternehmensbewertung, Volkswirtschaftslehre, Grundkenntnisse anwendungsorientierter Mathematik und Statistik. (Zwei Klausuren) |
| **Wirtschaftsrecht** | Grundzüge des Bürgerlichen Rechts (Arbeitsrecht, internat. Privatrecht), Handelsrecht, Gesellschaftsrecht (Personengesellschaften und Kapitalgesellschaften, Recht der verbundenen Unternehmen), Corporate Governance und Grundzüge des Kapitalmarktrechts. (Eine Klausur) |
| **Steuerrecht** | Abgabenordnung und Nebengesetze, Finanzgerichtsordnung; Recht der Steuerarten, Grundzüge des Internationalen Steuerrechts. (Zwei Klausuren) |

\* Gemäß § 4 Wirtschaftsprüfungsverordnung (WiPrPrüfV)
**Das Wirtschaftsprüfungsexamen wird seit dem 2. Prüfungstermin 2019 in modularisierter Form durchgeführt.**

## Vorbildungsvoraussetzungen

**§§ 8, 9 WPO**
- Abgeschlossenes Hochschulstudium mit drei bzw. vier Jahren praktischer Ausbildung, davon mind. zwei Jahren praktischer Prüfungstätigkeit oder
- 10-jährige Tätigkeit in der Wirtschaftsprüfung oder
- 5-jährige Tätigkeit als Steuerberater oder vBP.

**Verkürzte Prüfung, § 13 WPO**
Steuerberater können die Prüfung (sieben Klausuren) in verkürzter Form ablegen. Bei der Prüfung in verkürzter Form entfällt die schriftliche und mündliche Prüfung im Steuerrecht.

**Anerkannte Studiengänge, § 8a WPO**
Leistungsnachweise, die in anerkannten Hochschulausbildungsgängen in den Bereichen „Angewandte Betriebswirtschaftslehre, Volkswirtschaftslehre" und „Wirtschaftsrecht" erbracht wurden, ersetzen die entsprechenden Prüfungen im Wirtschaftsprüfungsexamen. Voraussetzung: Praktische Tätigkeit nach § 9 WPO (insges. ein halbes Jahr) vor Beginn des Studiums, § 3 WPAnrV.

**Verkürzte Prüfung, § 13b WPO**
Prüfungsleistungen, die im Rahmen einer gemäß § 4 WiPrPrüfV gleichwertigen Hochschulausbildung in den Bereichen „Angewandte Betriebswirtschaftslehre, Volkswirtschaftslehre" und/oder „Wirtschaftsrecht" erbracht werden, werden im Wirtschaftsprüfungsexamen angerechnet.
(Es wird keine praktische Tätigkeit vor Beginn des Studium vorausgesetzt.)

## 3.2 Berufsrechtliche Anerkennung

### Betätigung des Wirtschaftsprüfers

- selbständig in einer Einzelpraxis, persönliche Haftung (§ 323 Abs. 2 HGB)
- in einer Bürogemeinschaft (mit anderen Freiberuflern), persönliche Haftung
- in einer Sozietät (mehrere WP's üben Berufstätigkeit gemeinschaftlich aus – ggf. gesamtschuldnerische Haftung; auch mit vBP und StB möglich)
- im Angestelltenverhältnis, in die Haftung des Arbeitgebers eingeschlossen

### Merkmale einer Wirtschaftsprüfungsgesellschaft (§ 27 Abs. 1 WPO)

- Zeichnungskompetenz in Händen von WP (§ 28 Abs. 1 Satz 1, Abs. 2 WPO)
- Struktur der Gesellschafter mehrheitlich WP oder WPG (§ 28 Abs. 4, 5 WPO)
- Offenlegung der Beteiligung im Berufsregister (§ 38 Nr. 2 WPO)
- Haftungsgrundlagen:
  Bei Kapitalgesellschaften müssen gem. § 28 Abs. 6 Satz 2 WPO auf das Grundkapital der AG bzw. das Stammkapital der GmbH mind. € 25.000 eingezahlt sein.
- Berufshaftpflichtversicherung, § 54 WPO
- Residenzpflicht

## 3. Zur Jahresabschlussprüfung zugelassene Prüfungsorgane

**Sonstige Prüfungsorgane existieren in Form von Prüfungsverbänden**

z.B. genossenschaftliche Prüfungsverbände (§§ 53 ff. GenG):
- ➔ Rechtsform eines eingetragenen Vereins
- ➔ vom Staat verliehenes Prüfungsrecht
- ➔ öffentlich bestellter WP als Angestellter eigenverantwortlich tätig
- ➔ Pflichtprüfungen bei den jeweiligen (Pflicht-)Mitgliedsunternehmen
- ➔ neben Prüfung der Ordnungsmäßigkeit des Jahresabschlusses auch (ggf.) die Prüfung der wirtschaftlichen Lage, der Vermögenslage, der Rechtsverhältnisse, der Ordnungsmäßigkeit der Geschäftsführung und der Tätigkeit der Verwaltungsorgane
- ➔ Sonderuntersuchungen (§ 63h GenG)

z.B. Sparkassen- u. Giroverbänden
- ➔ haben die Aufgabe Sparkassen zu prüfen, zu fördern, zu beraten
- ➔ Körperschaften des öffentlichen Rechts
- ➔ Prüfungserlasse der Bundesländer
- ➔ neben der Prüfung der Ordnungsmäßigkeit des JA auch (ggf.) Depotprüfungen, Kredit- und Organisationsprüfungen, Prüfung des ordnungsgemäßen Ablaufs des Geschäftsbetriebs, des IKS
- ➔ Leiter der Prüfungsstelle ist ein angestellter, öffentlich bestellter, eigenverantwortlich tätiger WP
- ➔ Prüfer müssen *Verbandsexamen* abgelegt haben

## 3.2 Berufsrechtliche Anerkennung

**Prüfungstätigkeit von
EU- und EWR-Abschlussprüfungsgesellschaften
§§ 131 ff. WPO sowie
Eignungsprüfung als Wirtschaftsprüfer**

➢ Zulassung des verantwortlichen Prüfungspartners, § 131 Abs. 1 S. 1 WPO

➢ Registrierungsverfahren nach § 131a WPO

➢ Eignungsprüfung – erleichterte Bestellung von EU- bzw. EWR-Prüfern mit vergleichbarer Qualifikation, § 131g WPO, §§ 25 ff. WiPrPrüfV

## 3.3 Berufsständische Anforderungen

**Wird ein Grundsatz vorsätzlich oder fahrlässig verletzt, so wird der Prüfer schadensersatzpflichtig gegenüber dem geschädigten Unternehmen (§ 323 Abs. 1 Satz 3 HGB).**

**§ 57 Abs. 3 WPO:** Die Wirtschaftsprüferkammer (WPK) kommentiert in der Berufssatzung die wesentlichen Berufsgrundsätze, die in § 57 Abs. 4 WPO aufgeführt sind.

**§ 319 Abs. 2, 3, APrVO 537/2014, § 319b HGB, §§ 43 ff. WPO** führen Einzelbedingungen zu den Grundsätzen der Unabhängigkeit/Unbefangenheit auf.

**Verstöße gegen die übrigen Berufsgrundsätze werden von der WPK geahndet (einschl. berufsgerichtliches Verfahren).**

## 3.3 Berufsständische Anforderungen

**Unmittelbare/mittelbare Beziehungen:**
- Eigentum am zu prüfenden Unternehmen, finanzielle oder kapitalmäßige Bindung
- **Selbstprüfungsverbot**, Mitwirkung bei der JA-Erstellung
- Umsatzabhängigkeit
- Beziehungen rein persönlicher, verwandtschaftlicher oder geschäftlicher Art zu einer leitenden Persönlichkeit des zu prüfenden Unternehmens oder zu einem an der Sache Beteiligten (Vertrautheit)

**Grundsatz der Unabhängigkeit und Unbefangenheit**

**Kardinaltugend**
§ 43 Abs. 1 WPO

Der Prüfer muss bei seinen Feststellungen, Beurteilungen und Entscheidungen frei von Einflüssen, Bindungen und Rücksichten sein.*

\* Beispiele unerlaubter wirtschaftlicher Abhängigkeit finden sich in § 2 Abs. 2 BS i.V.m. § 55a WPO.

## 3. Zur Jahresabschlussprüfung zugelassene Prüfungsorgane

**Grundsatz der Unabhängigkeit und Unbefangenheit**

→ Allgemeiner Ausschluss-
tatbestand:
- § 319 Abs. 2 HGB,
- § 29 Abs. 1 BS.

→ Widerlegbare Vermutung der Besorgnis der Befangenheit.

→ Schutzmaßnahmen § 30 BS:
- Erörterung mit Aufsichts-
  gremien,
- Einschaltung von unbefange-
  nen Personen,
- Transparenzregelungen,
- Beratung mit Kollegen,
- Firewalls.

→ Konkrete Ausschluss-
tatbestände:
- § 319 Abs. 3 HGB,
- APrVO 537/2014,
- § 319b HGB.

→ Versagung der Tätigkeit
§ 49 WPO; § 28 Abs. 1, 2 BS

→ Unwiderlegbare Vermutung der Besorgnis der Befangenheit.

→ Bei Nichteinhaltung der Unabhängigkeit ist ein Bestätigungsvermerk trotzdem gültig,
§ 256 Abs. 1 Nr. 3 AktG.

## 3.3 Berufsständische Anforderungen

### Fallbeispiel zur Unabhängigkeit*

Der WP Alfred Schuster ist seit zehn Jahren Abschlussprüfer der Turbo GmbH, einer mittelgroßen GmbH. Seit drei Jahren ist er auch als Berater der GmbH tätig. Seine Beratungsaufgaben umfassen:

- Mitwirkung bei Personalakquisition und -auswahl
- Durchführung der Internen Revision (outsourcing)
- Steuerberatung

Durch die Aufnahme der Beratungstätigkeit sind seine Umsätze mit der Turbo GmbH von 25 % auf 35 % seiner Gesamteinnahmen aus seiner beruflichen Tätigkeit gestiegen. Vor wenigen Wochen hat Schuster Herrn Maier als Prüfungsgehilfen eingestellt. Dieser war zuvor in der Marketing-Abteilung der Turbo GmbH angestellt. Nach Beendigung der letzten Abschlussprüfung bei der Turbo GmbH hat ein Vetter von Schuster Geschäftsanteile an der Turbo GmbH erworben. Karl Korrektor, ein ehemaliger Mitarbeiter von Schuster, hat inzwischen das Wirtschaftsprüfungsexamen bestanden. Seit einem halben Jahr ist er Leiter der Buchhaltung der Turbo GmbH.

Die Turbo GmbH erteilt Schuster erneut den Auftrag zur Prüfung des Jahresabschlusses.

**Prüfen Sie, ob Schuster Abschlussprüfer sein darf.**

* Nach Marten/Quick/Ruhnke, Kapitel I.7.4.3. und WP-Examensklausur 2. Halbjahr 2012.

3. Zur Jahresabschlussprüfung zugelassene Prüfungsorgane

Aufgaben sorgfältig und nach bestem Wissen und Gewissen erledigen:

- Berücksichtigung berufsständischer Verlautbarungen
- erforderliche Sachkunde
- zeitliche, sachliche und personelle Prüfungsplanung
- fachliche Fortbildung
- internes Qualitätssicherungssystem, § 55b WPO
- Mitteilung wesentlicher Verstöße der gesetzlichen Vertreter an den Aufsichtsrat

Grundsatz

der

Gewissenhaftigkeit

§ 43 Abs. 1 WPO
§§ 4 – 8 BS

getreue und sorgfältige Rechenschaftslegung

## 3.3 Berufsständische Anforderungen

**Grundsatz der Gewissenhaftigkeit und Sorgfalt**

Beachtung der gesetzlichen, berufsrechtlichen und fachlichen Bestimmungen:

- Grundsätze ordnungsmäßiger Buchführung (GoB)
- Die Grundsätze ordnungsmäßiger Abschlussprüfung (GoA) bestehen künftig aus den sog. ISA* (DE) und bestimmten IDW Prüfungsstandards (PS)
- Verlautbarungen des DRSC
- Laufende Fortbildungspflicht, § 43 Abs. 2 S. 4 WPO

- Verlautbarungen des IDW besitzen keine Rechtnormqualität
- Allerdings hohe praktische Relevanz
- Abweichungen sind nur in begründeten Fällen zulässig
- **Aber**: Eigenverantwortlichkeit des Abschlussprüfers
- Internationale Prüfungsstandards sind über § 317 Abs. 5 HGB gesetzl. verankert.

* Gemäß § 317 Abs. 5 HGB hat der Prüfer bei der Durchführung der Prüfung die ISA anzuwenden, die von der EU-Komission im Komitologie-Verfahren angenommen worden sind.

## 3. Zur Jahresabschlussprüfung zugelassene Prüfungsorgane

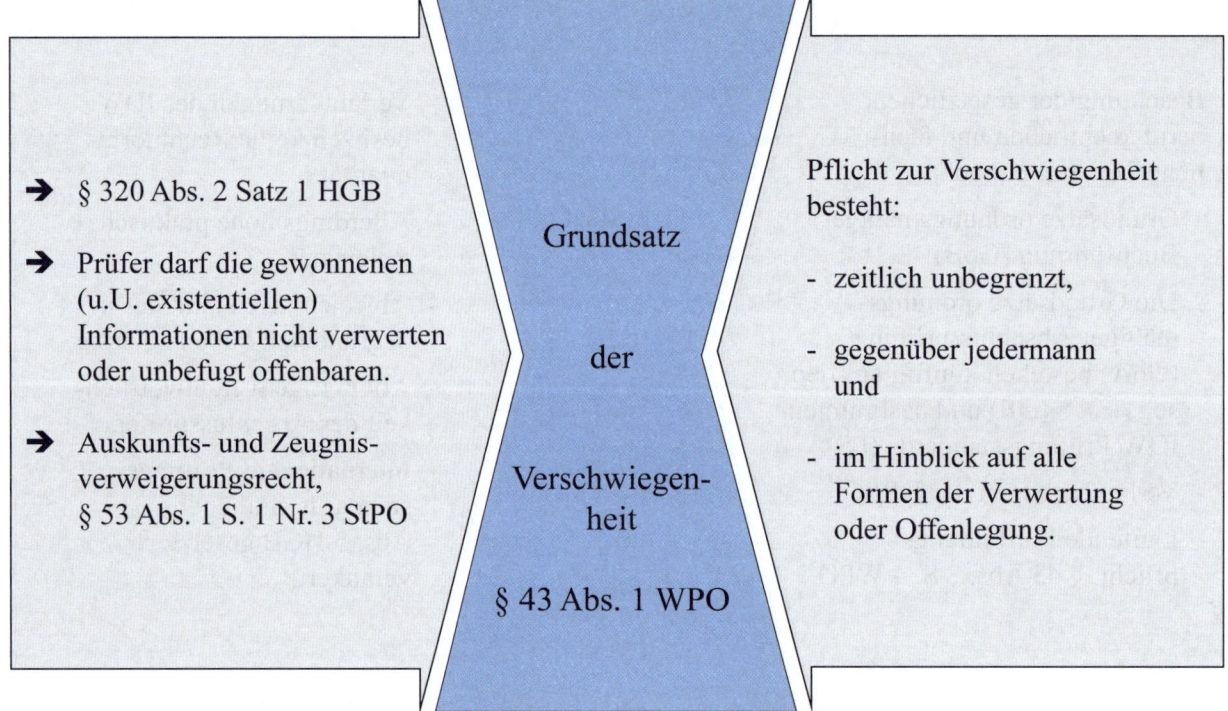

## 3.3 Berufsständische Anforderungen

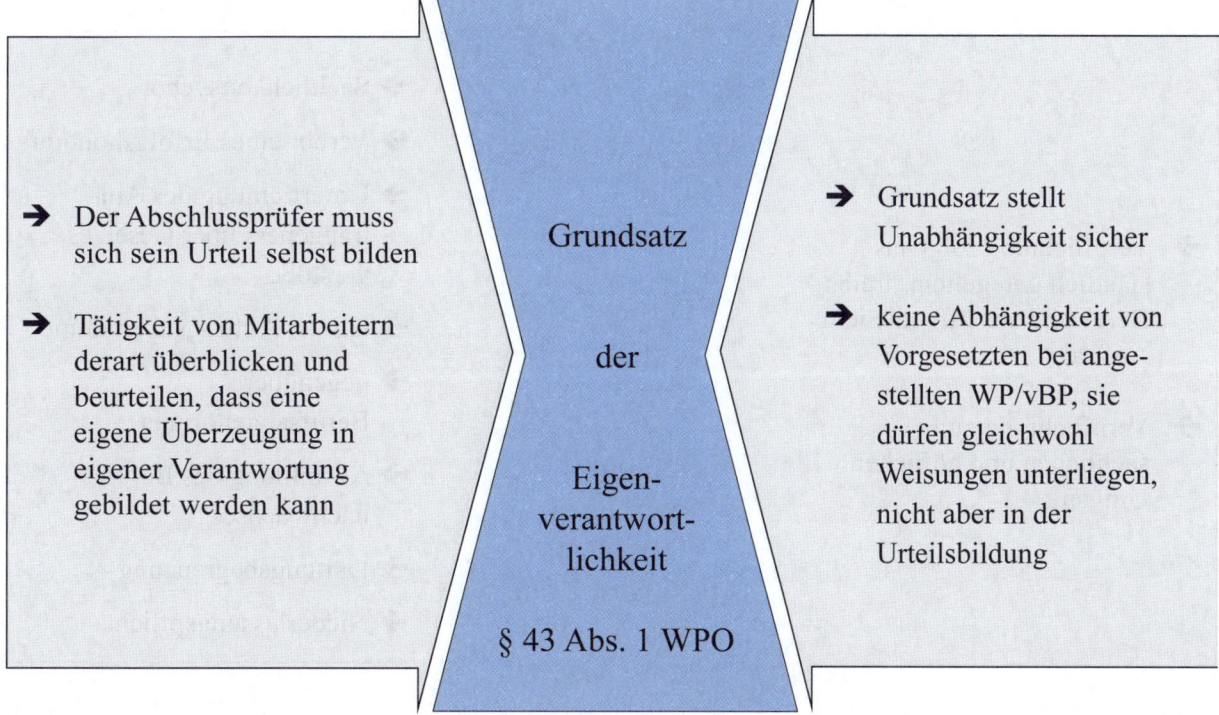

3. Zur Jahresabschlussprüfung zugelassene Prüfungsorgane

**Grundsatz des berufswürdigen Verhaltens § 43 Abs. 2 und Abs. 3 WPO**

- ➔ Verpflichtung folgt aus staatlich geregeltem, freien Beruf und aus öffentlichem Auftrag
- ➔ Verpflichtung zum sachlichen und höflichen Umgang

- ➔ Sachlichkeitsgebot
- ➔ Verbot eines Erfolgshonorars
- ➔ Unterrichtung des Auftraggebers über Gesetzesverstöße
- ➔ bei der Auftragsübernahme
- ➔ gegenüber Berufsangehörigen
- ➔ Ausbildung des Berufsnachwuchses
- ➔ Haftungsbegrenzung
- ➔ Niederlassungspflicht

## 3.3 Berufsständische Anforderungen

**Grundsatz der Kundmachung und des Werbeverbots***

- steht im engen Zusammenhang mit dem Grundsatz des berufswürdigen Verhaltens

- Werbung ist grds. zulässig, es sei denn, sie ist unlauter, § 52 WPO i.V.m. UWG.

➔ keine unaufgeforderte Bewerbung zur Übernahme der Jahresabschlussprüfung

➔ nur nach Aufforderung durch das Unternehmen

➔ Erlaubt sind Firmenzeichen, Stellenanzeigen, Zeitungsanzeigen etc.

* § 14 Abs. 3, § 52 WPO

## 3. Zur Jahresabschlussprüfung zugelassene Prüfungsorgane

**Berufsgrundsätze stecken den Rahmen für die Prüfungstätigkeit ab.**

**Die Grundsätze ordnungsmäßiger Abschlussprüfung (GoA) bestehen künftig aus den sog. ISA (DE) und bestimmten IDW Prüfungsstandards (PS)**

- Berufsauffassung
- müssen beachtet werden

**Art und Umfang der Prüfungstätigkeit stehen im Ermessen des Prüfers**

„Das IDW hat mit den ISA [DE] die ISA in die deutsche Sprache übersetzt und um die zu beachtenden nationalen Besonderheiten ergänzt. Diese ISA [DE] gelten grundsätzlich einheitlich erstmals für die Prüfung von Abschlüssen für Zeiträume, die am oder nach dem 15. Dezember 2021 beginnen."

https://www.wpk.de/neu-auf-wpkde/pruefung/2020/sv/anwendung-der-international-standards-on-auditing-isa-in-deutschland/

## 3.4 Berufsgrundsätze ordnungsmäßiger Abschlussprüfung

**Internationale und nationale Prüfungsstandards* (GoA):**
→ sind Ausführungen zum Rahmen der Prüfung der Rechnungslegung (nicht Prüfung der Einhaltung der Vorschriften des Steuer- oder Arbeitsrechts, Umweltschutzbestimmungen usw. und nicht Aufdeckung und Aufklärung von strafrechtlichen Tatbeständen, <u>aber</u> daraus resultierende Rückwirkungen auf den Jahresabschluss)
→ geben keine Aufzählung vorzunehmender Prüfungshandlungen vor

➢ Es liegt im pflichtgemäßen Ermessen des Abschlussprüfers, im Einzelfall Art und Umfang der Prüfungsdurchführung zu bestimmen.

➢ Nichtbeachtung der berufsständischen Verlautbarungen muss der Abschlussprüfer in seinem Bericht erläutern und begründen.

➢ In Regressfällen, in einem Verfahren der Berufsaufsicht oder einem Strafverfahren muss er sich ggf. die Nichtbeachtung vorhalten lassen.

* Vgl. ISA (DE) 200 „Übergeordnete Ziele des unabhängigen Prüfers und Grundsätze einer Prüfung in Übereinstimmung mit den International Standards on Auditing" und PS 200: „Ziele und allgemeine Grundsätze der Durchführung von Abschlussprüfungen".

## 4. Haftung der Prüfungsorgane

**Pflichtverletzung**

- Pflichten in § 323 Abs. 1 Sätze 1 und 2 HGB, § 43 ff. WPO
- weitere Pflichten in §§ 316 ff. HGB (insbes. §§ 321, 322 HGB)
- alle Pflichten, die
  - → die Grundsätze ordnungsmäßiger Abschlussprüfung (z.B. Unabhängigkeit),
  - → die Planung, Vorbereitung und Durchführung der Abschlussprüfung,
  - → die Dokumentation und Berichterstattung des Abschlussprüfers,
  - → die Testierung des Jahresabschlusses und
  - → die Warnfunktion des Abschlussprüfers betreffen

**Haftung gegenüber der zu prüfenden Kapitalgesellschaft:**

- § 323 Abs. 1 Satz 3 HGB
- geht bürgerlich-rechtlicher Haftung für vertragliche Leistungsstörung vor
- keine Haftung aus § 323 HGB gegenüber Gesellschaftern oder Gläubigern und sonstigen Dritten (Dritthaftung)

## 4. Haftung der Prüfungsorgane

- ➔ Pflichtverletzung muss schuldhaft, d.h. vorsätzlich oder fahrlässig begangen worden sein.

  **Vorsatz** = mit Wissen und Wollen

  **bedingter Vorsatz** = Möglichkeit billigend in Kauf nehmen

  **Fahrlässigkeit** = wer im Verkehr die erforderliche Sorgfalt außer Acht lässt

- ➢ vor (z.B. verspätete Ablehnung), während (z.B. Verstoß gegen Verschwiegenheitspflicht) oder nach der Prüfung entstandener Schaden i.S. einer Vermögensminderung

- ➢ ursächlicher Zusammenhang zwischen Pflichtverletzung und Schadenseintritt

- ➢ Abschlussprüfer muss im Innenverhältnis für Verschulden des Gehilfen im gleichen Umfang eintreten, wie für eigenes Verschulden (§§ 31, 278 BGB) Haftungsbegrenzung, § 323 HGB

## 4. Haftung der Prüfungsorgane

| | |
|---|---|
| **Haftung gegenüber Dritten** | ➔ keine Ansprüche aus § 323 HGB<br>➔ Vermögensschäden gem. § 823 Abs. 2 BGB<br>➔ Konkludenter Auskunftsvertrag, Schutzwirkung zug. Dritter |
| **§ 824 BGB** | Schaden, weil der Wahrheit zuwider eine Tatsache behauptet wird, die geeignet ist, den Kredit des anderen zu gefährden oder sonstige Nachteile für dessen Erwerb oder Fortkommen herbeizuführen |
| **§ 826 BGB** | Schaden aus Verstoß gegen die guten Sitten |
| **§ 831 Abs. 1 Satz 1 BGB** | Schaden aus unerlaubten Handlungen des Verrichtungsgehilfen, wenn nicht mit berufsüblicher Sorgfalt bei dessen Auswahl vorgegangen wurde (Auswahl, Leitung, Überwachung, Fortbildung) |
| **freiwillige JA-Prüfung** | § 323 HGB findet keine Anwendung; Rechtsfolgen aus Pflichtverletzung nach Vertrag u. BGB nur für Abschlussprüfer (analog zur Haftung gegenüber Dritten bei Pflichtprüfung) |

## 4. Haftung der Prüfungsorgane

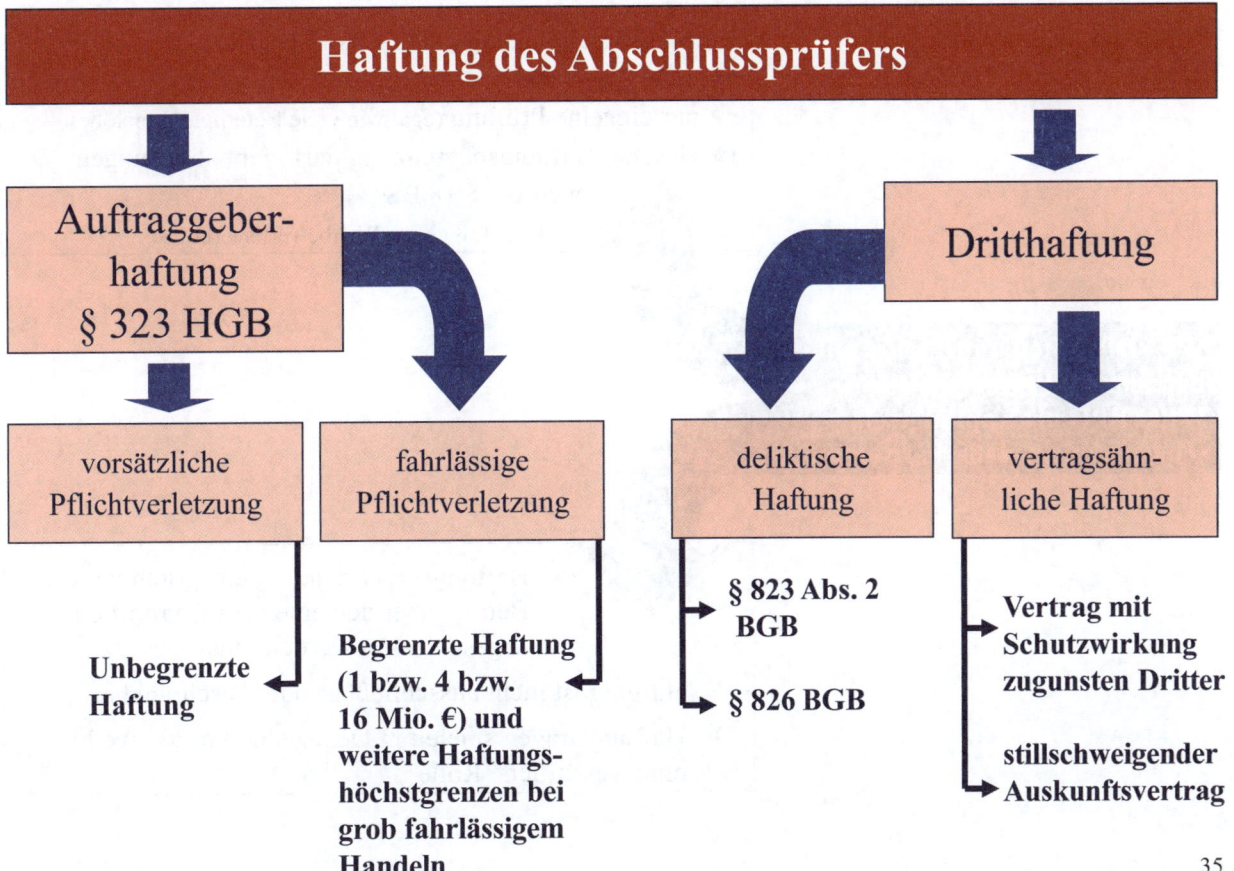

## 4. Haftung der Prüfungsorgane

**Haftungsbeschränkung § 323 Abs. 2 HGB:**
→ nicht bei Vorsatz
→ nur einzelne Prüfung (egal wie viele Beteiligte, Verstöße)
→ Gesetzl. Haftungsbegrenzung darf nicht abbedungen werden, § 18 BS
   (Verstoß gegen Wettbewerbsverbot)

**WP/vBP haften unbegrenzt mit Betriebs- u. Privatvermögen, WPG/BPG als Kapitalgesellschaften mit Gesellschaftsvermögen.**

➢ Haftungsbeschränkung entspricht dem Betrag, über den eine Berufshaftpflicht abgeschlossen werden muss
➢ Haftung ist nicht ausschließbar oder beschränkbar
➢ Haftungsfragen spielen in Deutschland mittlerweile eine wesentliche Rolle

# 5. Berufsorganisation, -aufsicht und -gerichtsbarkeit

## 5.1 Berufsorganisation und -aufsicht

**Wirtschaftsprüferkammer (WPK) (1)**

Körperschaft des öffentlichen Rechts in Berlin mit jeweiligen Landesgeschäftsstellen; untersteht der Rechtsaufsicht des Bundesministeriums für Wirtschaft u. Energie

Pflichtmitgliedschaft sämtlicher WP, vBP, WPG und BPG
(§§ 58 Abs. 1, 128 Abs. 3 WPO)

Mittelbare Staatsverwaltung
§ 4 Abs. 1 WPO

**Wirtschaftsprüferkammer (WPK) (2)**

Aufgaben in § 57 Abs. 2 – 4 WPO u.a.:
- Prüfung/Eignungsprüfung
- Bestellung und Anerkennung
- Widerruf
- Registrierung
- Berufsaufsicht und Qualitätskontrolle §§ 57a ff. WPO
- Erlass von Berufsausübungsregelungen (Berufssatzung) § 57 Abs. 3, § 57c WPO

## 5. Berufsorganisation, - aufsicht und -gerichtsbarkeit

### Institut der Wirtschaftsprüfer (IDW)

eingetragener Verein; Fachorganisation des Berufsstands der WP; freiwillige Mitgliedschaft

Aufgaben u.a.:
- Facharbeit fördern
- einheitliche Grundsätze entwickeln (z.B. zur Prüfung und Rechnungslegung)
- Aus- und Fortbildung
- Auffassung des Berufsstands zu Einzelfragen vertreten

stark normierend, wird ggf. im Gerichtsverfahren herangezogen

### Deutsches Rechnungslegungs Standards Committee e.V. (DRSC)

gesetzliche Grundlage: §§ 342 f. HGB

Aufgaben:
- Entwicklung von Grundsätzen für eine ordnungsmäßige Konzernrechnungslegung
- Beratung des Gesetzgebers bei der Fortentwicklung der Rechnungslegung und vertritt BRD in internationalen Gremien
- Erarbeitung von Interpretationen der internationalen Rechnungslegungsstandards

## 5.1 Berufsorganisation und -aufsicht

### Accountancy Europe
(bis 2016: Fédération des Experts Comptables Européens, FEE)

Vertretung des europäischen Berufsstands gegenüber EU-Behörden und internationalen Gremien

Mitgliedschaft des IDW

Aufgabe:
Harmonisierung der Rechnungslegung und Prüfung in Europa

### International Federation of Accountants (IFAC)

Mitgliedschaft der WPK und des IDW

Aufgabe:
Entwicklung und Verbesserung des Berufsstands, um qualitativ hochwertige Dienstleistungen im öffentlichen Interesse anzubieten

Erarbeitung von Leitsätzen für den Prüferberuf und deren Verbreitung

### International Accounting Standards Board (IASB)

Mitgliedschaft der WPK und des IDW

Derzeit 14 Mitglieder

Aufgabe:
Erarbeitung von weltweit akzeptierten Rechnungslegungsstandards und deren Verbreitung (Framework und IFRS)

Wichtigstes Organ für die Facharbeit der IFRS Foundation

## 5.2 Berufsgerichtbarkeit

**Berufs-
gerichts-
barkeit
(§§ 71a ff. WPO)**

**Wird der Einspruch gegen eine berufsaufsichtliche Maßnahme zurückgewiesen, so entscheidet auf Antrag das zust. Gericht.**

drei Instanzen (§§ 72 ff. WPO) mit besonderen berufsspezifischen Kammern bzw. Senaten:
Landgericht ⇨ *Berufung* ⇨ OLG ⇨ *Revision* ⇨ BGH

- Berufsangehöriger stellt gem. § 71a WPO Antrag
- Einspruch gegen berufsaufsichtliche Maßnahme wurde zurückgewiesen, § 85 WPO
- Mitwirkung der Staatsanwaltschaft, § 84 WPO

## 6. Bestellung des Abschlussprüfers
### 6.1 Wahl des Abschlussprüfers

**Wahlzeitpunkt:**
§ 318 Abs. 1 Satz 3 HGB:
„… vor Ablauf des Geschäftsjahrs … auf das sich seine Prüfungstätigkeit erstreckt."

Keine „Big Four-Klausel",
§ 318 Abs. 1a HGB

§ 318 Abs. 4 HGB:
gerichtliche Bestellung (führt u.U. zu einem zeitlichen Engpass, der wiederum Probleme in der Prüfungsplanung und -vorbereitung nach sich zieht)

**Wahl des Abschlussprüfers***

**§ 318 Abs. 1 Satz 1 HGB**

AG: Hauptversammlung (§ 119 Abs. 1 Nr. 4 AktG); GmbH und KapG & Co.: Gesellschafterversammlung; **aber** der Gesellschaftsvertrag kann etwas anderes bestimmen (§ 318 Abs. 1 Satz 2 HGB) beim Konzernabschluss von den Gesellschaftern des Mutterunternehmens

Wahlperiode:
§ 318 Abs. 1 Satz 3 HGB
(nicht für mehrere Jahre auf einmal);
Externe Rotation:
Art. 17 APrVO 537/2014
Interne Rotation
nach § 43 Abs. 6 Satz 2 WPO
Wiederwahl möglich

* Als Abschlussprüfer von Unternehmen können gemäß § 319 Abs. 1 HGB WP oder WPG (evtl. vBP) gewählt werden.

## 6.2 Auftragserteilung (IDW PS 220)

**Erteilung des Prüfungsauftrags**

§ 318 Abs. 1 Satz 4 HGB
ISA (DE) 210
IDW PS 220

- § 318 Abs. 1 Satz 4 HGB, grundsätzlich die gesetzlichen Vertreter

  AG: Aufsichtsrat (§ 111 Abs. 2 Satz 3 AktG)

- Angebot, einen Prüfungsvertrag Abzuschließen

  Ausschlussgründe in § 319, APrVO 537/2014, § 319b HGB, Regelungen der WPO

- Auftragserteilung muss unverzüglich erfolgen

  § 51 WPO: Ablehnung muss ebenfalls unverzüglich der Gesellschaft bekannt gegeben werden

- Prüfungsvertrag* enthält ggf. Bedingungen über Prüfungsbeginn und -ende, Honorarberechnung, Prüfungsumfang, Berichterstattung (z.B. bei Kreditinstituten, Sonderwünsche)

\* Schuldrechtlicher Vertrag (Elemente aus Werk- und Dienstvertrag).

## 6.2 Auftragserteilung

Nach ISA (DE) 210/ IDW PS 220 soll der Prüfungsauftrag u.a. folgende Punkte beinhalten:

- Zielsetzung und Umfang der Prüfung, der Berichterstattung und des Bestätigungsvermerks,
- Verantwortlichkeit des Managements,
- Anforderungen an den Abschlussprüfer,
- Erfordernis einer uneingeschränkten Zugangsberechtigung,
- Erfordernis der Vorlage zusätzlicher Unterlagen,
- Angaben zu Honorarabrechnung,
- Prüfungsschwerpunkte und Prüfungsplanung,
- Hinweise zu der Heranziehung anderer Prüfer und/oder Sachverständiger,
- weitere Vereinbarungen, wie z.B. das Verfassen eines Management Letters.

## 6.3 Gerichtliche Bestellung des Abschlussprüfers

Bestellung durch das örtlich und sachlich zuständige Amtsgericht*, wenn:

→ der gewählte Abschlussprüfer ersetzt werden soll

→ keine Wahl vor Ablauf des Geschäftsjahrs stattgefunden hat

→ der gewählte Abschlussprüfer den Auftrag ablehnt

→ der gewählte Abschlussprüfer wegfällt

→ für den gewählten Abschlussprüfer eine termingerechte Durchführung der Prüfung unmöglich ist

➢ Voraussetzungen für das Ersetzen eines gewählten Prüfers (§ 318 Abs. 3 HGB):
  → Antrag
  → Anhörung
  → in der Person des Prüfers liegender Grund (z.B. Befangenheit, §§ 319 ff. HGB)
➢ Bei allen anderen Bestellungsgründen gilt § 318 Abs. 4 HGB.

➢ Die zu prüfende Gesellschaft kann:
  → *bestellten Prüfungsvertrag* nicht kündigen,
  → bestellten Abschlussprüfer nicht abwählen bzw. Ersatzprüfer wählen.
➢ kein Zwang zur Auftragsannahme
➢ Prüfungsvertrag kommt zwischen bestelltem Prüfer u. zu prüfender Gesellschaft zustande.
➢ Vertragskonditionen (Auslagen, Vergütung) setzt im Zweifel das Gericht fest (§ 318 Abs. 5 Satz 2 HGB).

\* Gemäß § 277 Abs. 1 Gesetz über das Verfahren in Familiensachen und in den Angelegenheiten der freiwilligen Gerichtsbarkeit (FamFG).

## 6.4 Ausschlussgründe

Der Abschlussprüfer muss im Rahmen seiner Prüfungsplanung zunächst klären:
→ ob er die erforderlichen gesetzlichen und ggf. gesellschaftsvertraglichen bzw. satzungsmäßigen Voraussetzungen erfüllt;
→ ob er den Auftrag annehmen will bzw. kann.

| gesetzliche Ausschlussgründe | institutionelle Ausschlussgründe | kapazitative Ausschlussgründe (vgl. ISA (DE) 300/IDW PS 240) |
|---|---|---|
| § 49 WPO<br>§ 319 Abs. 2, 3 HGB<br>APrVO 537/2014<br>§ 319b HGB | § 319 Abs. 1 HGB<br>ggf. Anforderungen aus dem Gesellschaftsvertrag bzw. der Satzung<br>(z.B. Größe der Prüfungsgesellschaft) | Quantität und Qualität kann nicht gewährleistet werden, z.B.<br>→ ordnungsmäßige Prüfung (personell, sachlich, zeitlich)<br>→ gewissenhafte Prüfung<br>→ erforderliche Kenntnisse bzw. Erfahrungen (Branche, EDV, int. Verknüpfungen)<br>→ Volumen der Prüfungstätigkeit zu groß/nicht bekannt<br>→ Beschäftigung freier Mitarbeiter als Prüfungsgehilfen |

## 6. Bestellung des Abschlussprüfers

## Gesetzliche Ausschlussgründe (unwiderlegbare Vermutung)

| § 319 Abs. 3 Nr. 1, 4 HGB | Anteilsbesitz an der zu prüfenden Kapitalgesellschaft (Aktien/GmbH-Anteile); u.U. auch mittelbare Beteiligungen am zu prüfenden Unt.; WP ist ebenfalls von der APr ausgeschlossen, wenn er Beteiligung an einem Unt. besitzt, das mit der zu prüfenden Kapitalgesellschaft verbunden ist oder von dieser mehr als 20% der Anteile besitzt. |
|---|---|
| § 319 Abs. 3 Nr. 2, 4 HGB | Der Abschlussprüfer ist gesetzlicher Vertreter oder Mitglied des Aufsichtsrats oder Arbeitnehmer beim zu prüfenden Unternehmen oder dessen verbundenen Unternehmen (20% Beteiligung). |
| § 319 Abs. 3 Nr. 3, 4 HGB | Mitwirkung des Abschlussprüfers bei der Aufstellung des Jahresabschlusses, bei der Buchführung, bei der Durchführung der internen Revision, bei Unternehmensleitungs- oder Finanzdienstleistungen oder bei versicherungsmathematischen Bewertungsleistungen (**„Selbstprüfungsverbot"**). |
| § 319 Abs. 3 Nr. 5 HGB | Kundenabhängigkeit (Umsatzabhängigkeit > 30%)<br>→ Ermittlung der Einnahmen jeder Art für jedes der letzten 5 Jahre<br>→ befristete Ausnahmegenehmigung durch WPK möglich |

## 6.4 Ausschlussgründe

**Art. 4 APrVO 537/2014, „Blacklist"**

- Leistungen verbunden mit Teilnahme an Führung des zu prüfenden Unternehmens
- Buchhaltung und Erstellung von Unterlagen für Abschlüsse
- Gestaltung/Umsetzung IKS und Risikomanagementverfahren
- juristische Leistungen
- Interne Revision
- Leistungen im Zusammenhang mit Finanzierung, Kapitalstruktur und -ausstattung sowie Anlagestrategie
- Personaldienstleistungen

**Art. 4 und 5 APrVO 537/2014**

Bestimmte Steuerberatungs- und Bewertungsleistungen bleiben erlaubt, ABER vgl. Art. 5 Abs. 1 Unterabs. 2 APrVO 537/2014.

| | |
|---|---|
| **§ 319 Abs. 2 HGB** | Besorgnis der Befangenheit aus geschäftlichen, finanziellen oder persönlichen Gründen (**widerlegbare Vermutung**).<br><br>Beachte: Schutzmaßnahmen nach § 30 BS |
| **§ 319b HGB** | Die Unabhängigkeitsvorschriften sind auf das sog. „Netzwerk" auszudehnen. Ein Netzwerk liegt nach § 319b HGB immer dann vor, wenn „Personen bei ihrer Berufsausübung zur Verfolgung gemeinsamer wirtschaftlicher Interessen für eine gewisse Dauer zusammenwirken". |
| **§ 49 WPO** | soll für alle nicht speziell geregelten Fälle gelten, z.B.:<br>➔ Besitz von Obligationen des zu prüfenden Unternehmens,<br>➔ Inanspruchnahme/Gewährung eines Kredits,<br>➔ nahe Beziehung zu leitender Persönlichkeit im zu prüfenden Unternehmen,<br>➔ Ermessensentscheidung nach kritischem Abwägen aller relevanten Umstände des Einzelfalls. |
| **Zivilrechtliche Folgen** | Verstößt der Prüfer gegen § 319 Abs. 2 ff. bzw. APrVO 537/2014, ist zwar der zu prüfende Jahresabschluss und die Prüfung rechtswirksam, allerdings führen die Ausschlussgründe dazu, dass der Prüfungsauftrag gemäß § 134 BGB nichtig ist (kein Vergütungsanspruch!). |

## 6.5 Überlegungen des Prüfers bezüglich der Auftragsannahme

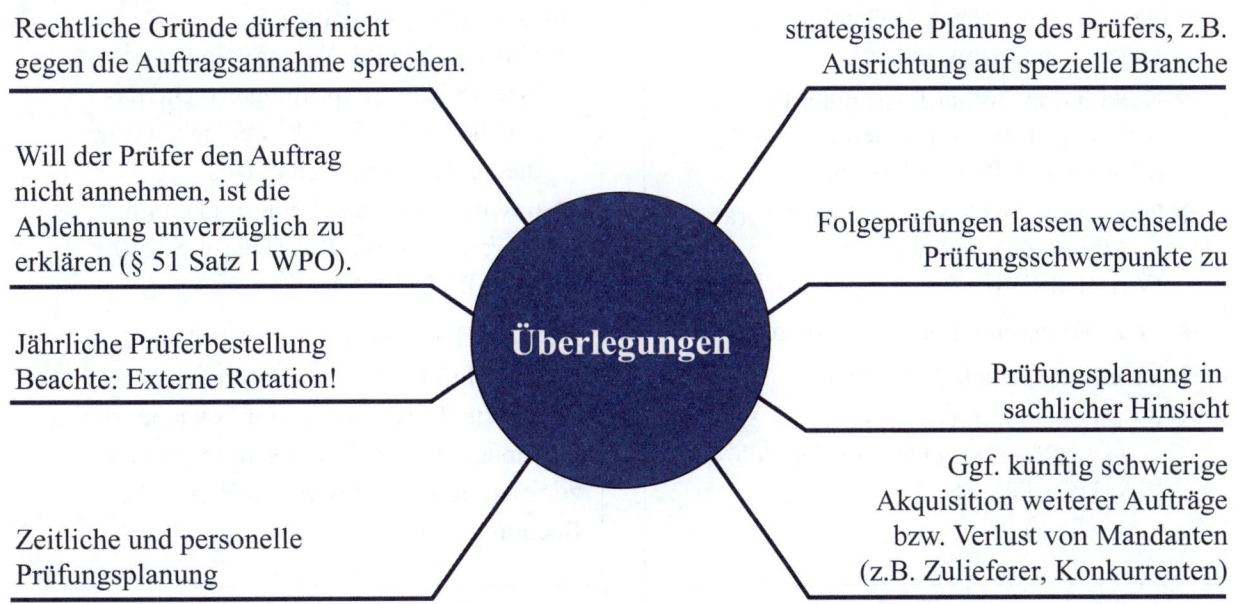

## Chancen

Streben Wirtschaftlichkeit/Gewinn unter gegebenen Umständen:

➔ Kalkulation auf der Basis einer Kostenrechnung (Einzel- und Gemeinkosten, insbesondere Personalkosten)

➔ kein absolutes Gewinnstreben, Auftrag im öffentlichen Interesse, Wirtschaftlichkeit

➔ im Einklang mit den Berufsgrundsätzen

➔ Vergütung gemäß § 55 WPO

➔ im Einklang mit den Grundsätzen ordnungsmäßiger Abschlussprüfung (GoA) ISA (DE)/IDW PS

## Risiken

aus der Auftragsannahme:

➔ Unsicherheit der Kostenvoraussage (speziell bei Erstprüfungen): Die tatsächlichen Prüfungskosten gehen über die geplanten Kosten hinaus.

➔ unvorhergesehene Fehlerrisiken im Jahresabschluss (ISA (DE) 315, 240, IDW PS 261, 210)

Risikoanalyse teilweise nur auf der Basis externer Informationen zur Vermögens-, Finanz- und Ertragslage, zur Branche, zum Sortiment, zur Qualität des Managements, zur rechtlichen und wirtschaftlichen Verflechtung usw.

# 7. Planung und Vorbereitung der Jahresabschlussprüfung

ISA (DE) 300; IDW PS 240, Tz. 8 ff.:
Die Prüfungsplanung soll sicherstellen, dass

→ wichtige Prüfungsgebiete müssen angemessen berücksichtigt und identifiziert werden,
→ Prüfungsschwerpunkte gebildet,
→ besondere (z.B. vom Aufsichtsrat verlangte) Prüfungshandlungen berücksichtigt,
→ der Mitarbeitereinsatz und die Zusammenarbeit mit Dritten koordiniert,
→ der Prüfungsauftrag zeitgerecht bearbeitet und
→ der Grundsatz der Wirtschaftlichkeit beachtet werden.

Entwicklung einer **Prüfungsstrategie** ISA (DE) 300.7 ff.

Prüfungsstrategie:
grundsätzliche Vorgehensweise auf der Basis der Risikoeinschätzung, aus der sich die einzelnen durchzuführenden Prüfungshandlungen ableiten lassen (Prüfungsprogramm), vgl. IDW PS 230 und IDW PS 261; ISA (DE) 300, A8,
unter Berücksichtigung der Gesamtheit aller Aufträge.

## 7. Planung und Vorbereitung der Jahresabschlussprüfung

**Das Prüfungsprogramm legt Art, Umfang und Zeitpunkt der Prüfungshandlungen fest (sachlich, zeitlich, personell), vgl. ISA (DE) 300.9; IDW PS 240.**

- → Verständnis über das geprüfte Unternehmen (ISA (DE) 315.11 Rev. IDW PS 230)
- → (wertaufhellende) Ereignisse nach dem Bilanzstichtag (ISA (DE) 560; IDW PS 203)
- → Prüfungshandlungen zur Risikobeurteilung ISA (DE) 315.5 ff. Rev.

- → Verständnis von den relevanten Kontrollen (rechnungslegungsbezogenes IKS)
- → Plausibilitätsbeurteilungen i.S.v. analyt. Prüfungshandlungen (z.B. Kennziffern)
- → Bestimmung der Wesentlichkeit (IDW PS 250)

- → Prüfung von Geschäftsvorfällen und Beständen (Vollständigkeit und Zulässigkeit)
- → Verwendung von Prüfungsergebnissen und Untersuchungen Dritter (Vorjahreszahlen von anderem Prüfer geprüft, interne Revision)

- → ungeprüfter Vorjahresabschluss erfordert zusätzliche Prüfungshandlungen
  - → Erstprüfung IDW PS 205
  - → kontinuierlicher Prozess
  - → Bildung eines Gesamturteils

## 7. Planung und Vorbereitung der Jahresabschlussprüfung

**Zentrum:** Ziel, Durchführung und Gegenstand der Abschlussprüfung (ISA (DE) 200; IDW PS 200)

- Ordnungsmäßigkeit und Verlässlichkeit/Glaubwürdigkeit der Informationen in Jahresabschluss und Lagebericht
- keine Aussage zur Wirtschaftlichkeit oder Effektivität der Geschäftsführung („Erwartungslücke")
- Prüfungsaussagen im Prüfungsbericht (§ 321 HGB, IDW PS 450)
- Prüfungsaussagen im Bestätigungsvermerk (§ 322 HGB)*
- Grundlegende Entscheidungen der Adressaten basieren auf diesen Informationen.
- Gegenstand und Umfang ergeben sich aus den gesetzlichen Vorschriften (§ 317 HGB).
- Prüfungsaussagen mit hinreichender Sicherheit unter Beachtung der Wesentlichkeit
- Ausübung von pflichtgemäßem Ermessen mit kritischer Grundhaltung

\* Vgl. ISA (DE) 200/IDW PS 200 i.V.m. ISA (DE) 700/IDW PS 400.

## 7. Planung und Vorbereitung der Jahresabschlussprüfung

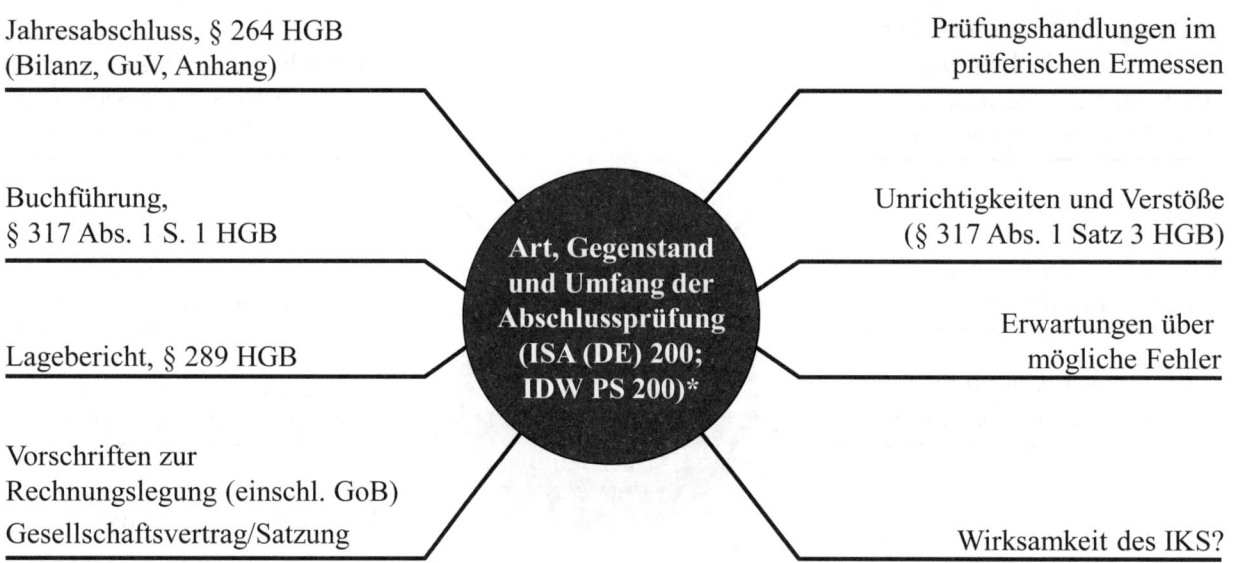

\* Vgl. ISA (DE) 200/IDW PS 200 i.V.m. ISA (DE) 700/IDW PS 400 und IDW PS 450.

## 7. Planung und Vorbereitung der Jahresabschlussprüfung

**Zentrum:** Rechnungslegungs- und Prüfungsgrundsätze, (ISA (DE) 200; IDW PS 201)

- Prüfungshandlungen aufgrund der
  - Kenntnisse über die Geschäftstätigkeit (ISA (DE) 315 Rev./IDW PS 230)
  - Erwartung hinsichtlich möglicher Fehler
  - Beurteilung des rechnungslegungsbezogenen IKS

- Hinreichende Sicherheit
  - keine absolute Sicherheit
  - immanente Grenzen des IKS

- Prüfung in Stichproben, keine lückenlose Prüfung

- Risikoorientierter Prüfungsansatz Komponenten des Prüfungsrisikos (ISA (DE) 200/ IDW PS 261)

- Rechnungslegungsgrundsätze (deutsche, international anerkannte und andere national anerkannte Grundsätze)

- Grundsätze ordnungsmäßiger Abschlussprüfung (berufliche und fachliche Grundsätze; ISA (DE)/IDW PS)

- Verantwortlichkeit des Abschlussprüfers

- Verantwortlichkeit der gesetzlichen Vertreter und des Aufsichtsrats

# 7. Planung und Vorbereitung der Jahresabschlussprüfung

## 7.1 Planung nach dem risikoorientierten Prüfungsansatz
### Einordnung der IDW Prüfungsstandards (PS)

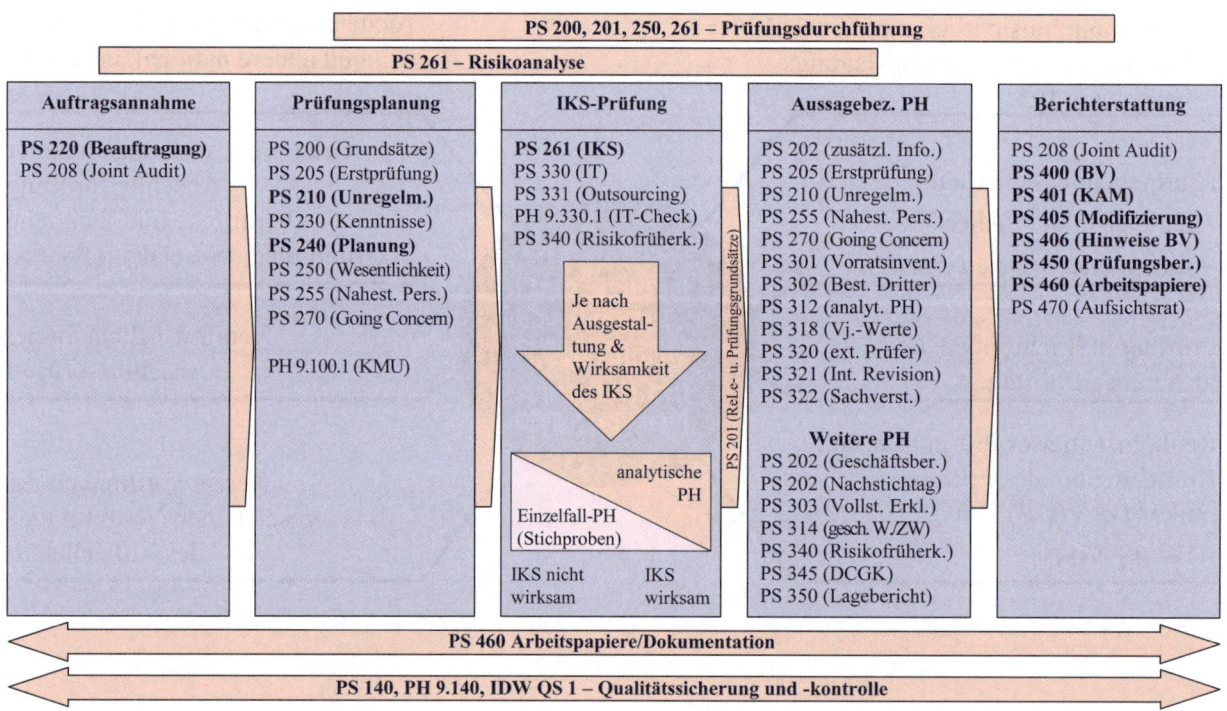

## 7.1 Planung nach dem risikoorientierten Prüfungsansatz

## Einordnung der International Standards on Audition – ISA (DE)*

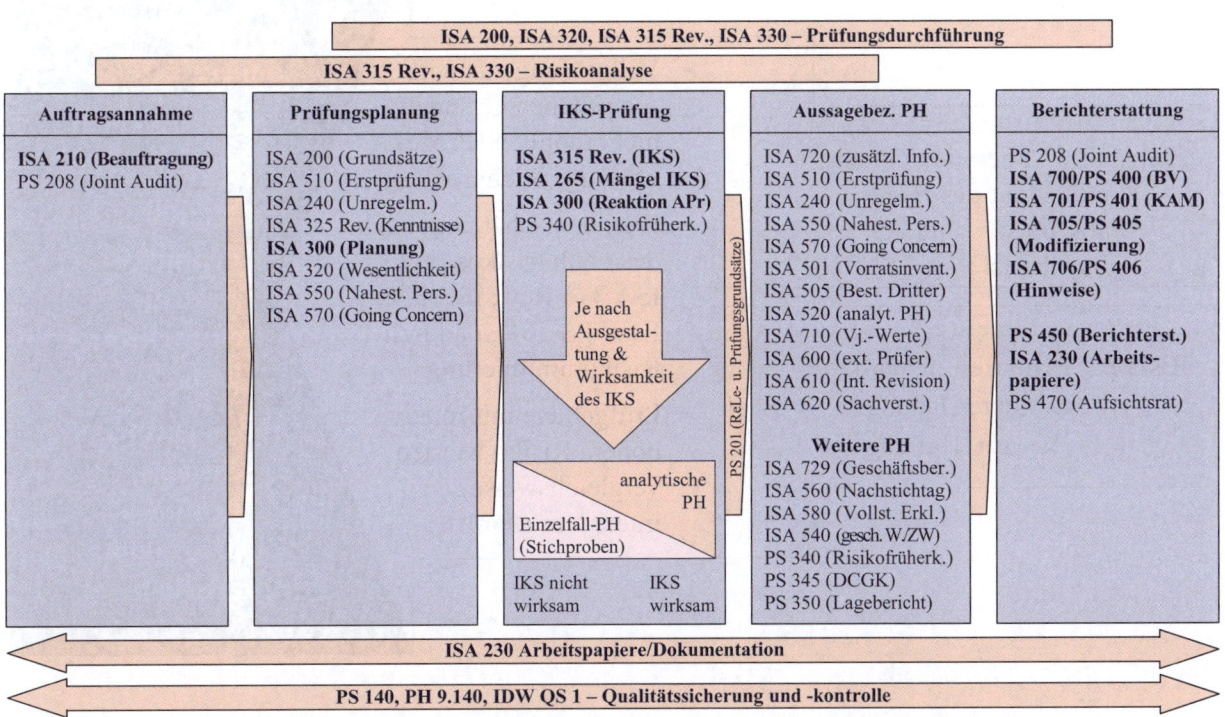

\* Nach § 317 Abs. 5 HGB sind die ISA anzuwenden, allerdings ist eine Annahme durch die EU noch nicht erfolgt. Bezug genommen wird auf die vom IDW festgestellten deutschen GoA, die aus den ISA (DE) sowie für bestimmte Sachverhalte weiterhin anwendbaren Prüfungsstandards (IDW PS) bestehen.

## 7. Planung und Vorbereitung der Jahresabschlussprüfung

**Ziel:** Urteil über die Ordnungsmäßigkeit des Jahresabschlusses und des Lageberichts, § 317 HGB

**Risiko:** Fehlurteil; fehlerhafte Berichterstattung
➔ ggf. Haftung

- Vollprüfung aus wirtschaftlichen Gründen nicht möglich (Prozessprüfung; Stichproben);
- Risikoeinschätzung bzgl. des Fehlerrisikos (vgl. ISA 315 Rev.; ISA 330, IDW PS 261), dadurch Risikominimierung;
- Prüfgebiete mit relativ hohem Risiko werden vergleichsweise intensiver geprüft.

**Der Prüfer muss in seiner Planung daher:**

➔ kritische Prüfgebiete identifizieren,

➔ Prüfungsstrategie entwickeln und

➔ ein entsprechendes Prüfungsprogramm erstellen.

## 7.1 Planung nach dem risikoorientierten Prüfungsansatz

| | |
|---|---|
| **Identifizierung, Lokalisierung, Gewichtung der bestehenden inhärenten Risiken** ISA 315 (rev.)/IDW PS 230 | Inhärentes Risiko |
| **Analyse und Bewertung der Kontrollen** ISA 265/IDW PS 261 | Kontrollrisiko |
| **Bestimmung d. verbleibenden Risikos** | Klärung, welche aussagebezogenen Prüfungshandlungen Risiko reduzieren (Entdeckungsrisiko) |
| **restliches Prüfungsrisiko** | Bestimmung des maximal akzeptierten Risikos durch Bestimmung von Wesentlichkeitsgrenzen (quantitative und qualitative Vorgaben) |

## 7.1.1 Grundlagen des risikoorientierten Prüfungsansatz
### 7.1.1.1 Bestimmung der Wesentlichkeitsgrenzen (ISA (DE) 320; IDW PS 250)

| | | |
|---|---|---|
| **(Toleranz-) Wesentlichkeit** | Bedeutung, die einer falschen Rechnungslegung zukommt, wenn sie in Verbindung mit den spezifischen Besonderheiten des Einzelfalls die Meinungsbildung der (heterogenen) Informationsempfängers beeinflussen kann (z.B. Eigenkapitalgeber, Gläubiger, Geschäftsführung). | Quantitative und qualitative Aspekte berücksichtigen:<br><br>quantitativ: betragliche Höhe eines Fehlers (Grenzwert)<br><br>qualitativ: ein betraglich unwesentlicher Fehler im Jahresabschluss kann bei richtigem Ausweis zu wesentlichen Effekten führen (z.B. rechtliche Konsequenzen aus Geschäftsvorfällen mit kleinem Umsatzvolumen, außerordentliche Geschäftsvorfälle, Unregelmäßigkeiten) (ISA (DE) 320; IDW PS 250 Tz. 7) |
| **Aufgabe des Wirtschaftsprüfers** | Bestimmen, ab welchem Grenzwert (quantitativ) bzw. welcher Eigenschaft (qualitativ) eine falsche Rechnungslegung die Meinungsbildung eines durchschnittlich vorsichtigen Adressaten beeinflusst, d.h. ab wann fehlerhafte Aussagen im Jahresabschluss als wesentlich für dessen Entscheidungen anzusehen sind (§ 317 Abs. 1 Satz 3 HGB). Unwesentliche Fehler werden akzeptiert. | |

## 7.1 Planung nach dem risikoorientierten Prüfungsansatz

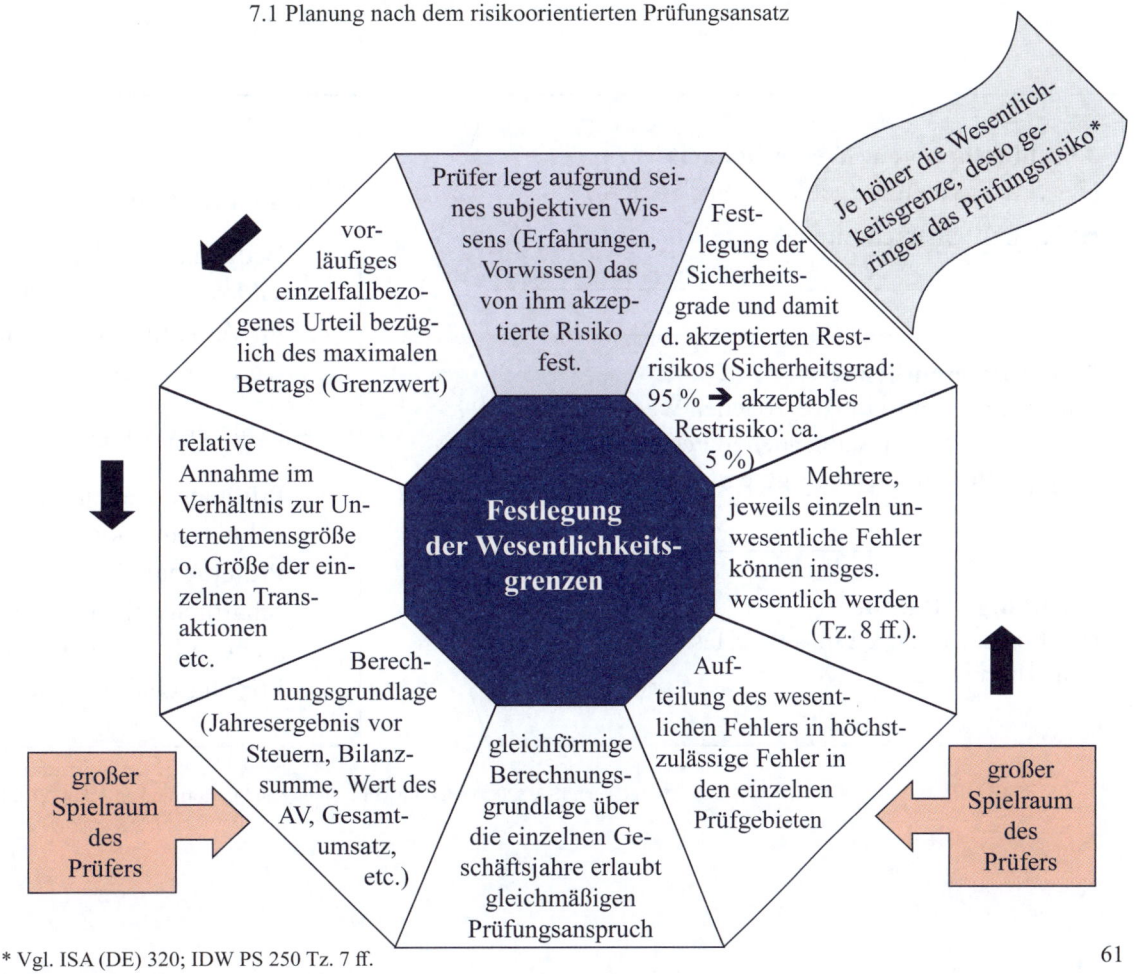

* Vgl. ISA (DE) 320; IDW PS 250 Tz. 7 ff.

## 7. Planung und Vorbereitung der Jahresabschlussprüfung

**Abschlussbezogene Wesentlichkeit***
(3 – 5 % des Jahresergebnisses vor Steuern)
➔ KEINE Überschreitung!

**Toleranzwesentlichkeit***
(unterhalb der abschlussbezogenen Wesentlichkeit, aufgrund von vorhandenen Fehlern in ungeprüften Bereichen, Aggregationsrisiko)

**Nichtaufgriffsgrenze**
(Prüfungsdifferenzen müssen erfasst und kumuliert werden)

qualitative Einflüsse:

- Bedeutung des Kontensaldos/Geschäftsvorfalls im Verhältnis zur gesamten Rechnungslegung,

- Fehlererwartung,

- Prüfungskosten im Verhältnis zum möglichen Prüfergebnis (Wirtschaftlichkeit darf aber nicht zu Lasten der Prüfungsqualität gehen)

* Vgl. auch ISA 320 „Materiality in Planning and Performing an Audit", Tz. 10 ff. A4 ff.

## 7.1 Planung nach dem risikoorientierten Prüfungsansatz

**Bestimmung des Gesamtfehlers im Jahresabschluss und Vergleich mit den Wesentlichkeitsgrenzen**

- Übersteigt der Gesamtfehler die Wesentlichkeitsgrenze ➔ Einschränkung, Versagung des Bestätigungsvermerks, wenn keine Fehlerkorrektur erfolgt.
- Bleibt der Gesamtfehler unter der Wesentlichkeitsgrenze, erbringt das Unternehmen eine akzeptable Darstellung im Sinne der GoB.
- fortgeführte Fehler aus den Vorjahren einbeziehen (falls vorhanden)
- Ggf. feststellbare Differenz resultiert aus den erst im Verlauf der Prüfung gewonnenen weiteren Erkenntnissen.
- Ermittlung des Gesamtfehlers als Summe der gefundenen und der vermuteten Fehler (auf der Basis der geprüften Stichproben)
- auf der Basis der bei der Prüfung vom Unternehmen erbrachten Nachweise, gegen Ende der Prüfung

### 7.1.1.2 Bestimmung des Prüfungsrisikos (IDW PS 261)

## 7.1 Planung nach dem risikoorientierten Prüfungsansatz

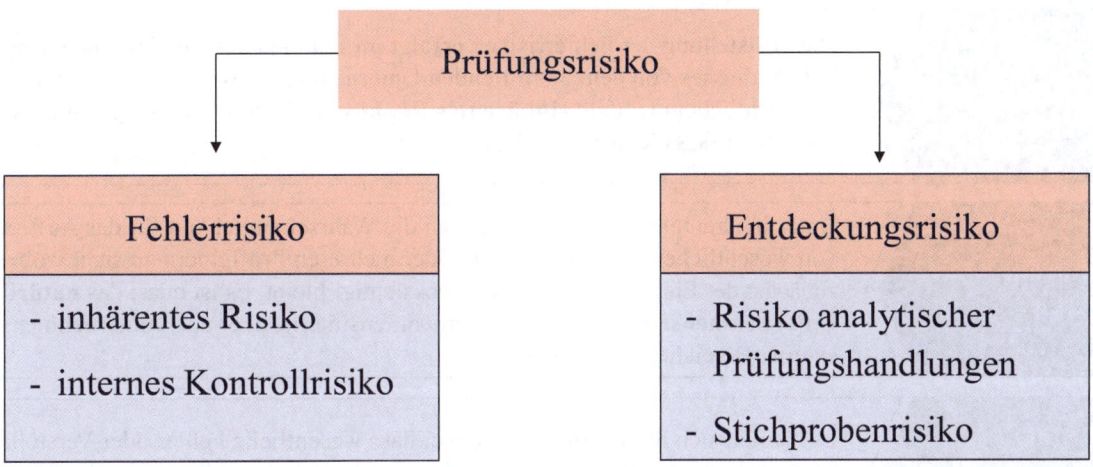

**Die Komponenten des Prüfungsrisikos gemäß IDW PS 261 Tz. 6**

## 7. Planung und Vorbereitung der Jahresabschlussprüfung

**Fehlerrisiko\***
Die Feststellung der Fehlerrisiken erfolgt im Rahmen der Gewinnung eines Verständnisses von dem zu prüfenden Unternehmen, dessen wirtschaftlichem und rechtlichem Umfeld (**inhärentes Risiko**) sowie vom rechnungslegungsrelevanten IKS (**Kontrollrisiko**).

**Inhärentes\* Risiko**
Unter inhärentem Risiko versteht man die Wahrscheinlichkeit für das Auftreten von wesentlichen Fehlern in einem oder mehreren Prüffeldern an sich, wobei zunächst der Einfluss des IKS unberücksichtigt bleibt. Es ist quasi das **natürliche Unternehmensrisiko**. Es sind unternehmensinterne aber auch unternehmensexterne Bereiche zu analysieren.

**Kontrollrisiko\***
Es handelt sich hierbei um das Risiko, dass wesentliche Fehler oder Verstöße bei Geschäftsvorfällen oder Beständen nicht durch das **interne Kontrollsystem** (IKS) des Unternehmens verhindert oder aufgedeckt werden (Risiko aus der vom Management geschaffenen Organisationsstruktur).

**Entdeckungsrisiko\***
Das Entdeckungsrisiko ist das Risiko, dass die Prüfungshandlungen nicht zur Aufdeckung eines wesentlichen Fehlers im jeweiligen Prüffeld führen (Berufsrisiko des Abschlussprüfers). Um es gering zu halten, sind analytische Prüfungshandlungen und Einzelfallprüfungen durchführen.

\* Nach Marten/Quick/Ruhnke, Kapitel II.1.2.1./ISA (DE) 315 (Rev.): ISA (DE 330); IDW PS 261.

## 7.1 Planung nach dem risikoorientierten Prüfungsansatz

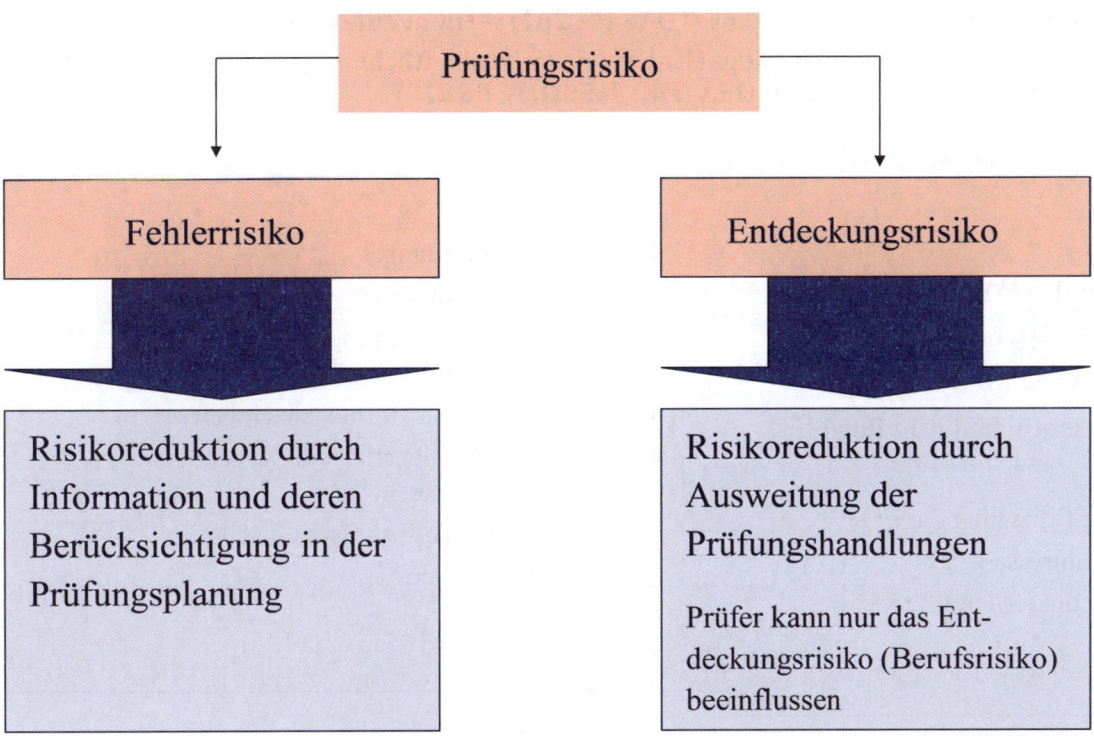

## Bestimmung des Prüfungsrisikos (IDW PS 261) – Inhärentes Risiko
**Kenntnisse über die Geschäftstätigkeit sowie das wirtschaftliche und rechtliche Umfeld des zu prüfenden Unternehmen (ISA (DE) 315; IDW PS 230)**

Nach **IDW PS 230 und ISA (DE) 315** bilden diese Kenntnisse die wesentliche Grundlage für:

Die Erlangung dieser Kenntnisse ist ein kontinuierlicher Prozess!

- ➢ Risikobeurteilung
- ➢ Prüfungsplanung
- ➢ Prüfungsdurchführung/ Art und Umfang der Prüfungshandlungen
- ➢ Würdigung der Prüfungsnachweise
- ➢ Verbesserte Dienstleistung gegenüber dem Mandanten
- ➢ Pflichtgemäße Ermessensausübung
- ➢ Folgeprüfungen

## 7.1 Planung nach dem risikoorientierten Prüfungsansatz

### Externe Faktoren – ISA (DE) 315, Tz. 11a, A25 ff.

Wettbewerber  Markt  Branche  Gesetz  Politik  Kapitalverfügbarkeit  Gesellschafterbeziehung

### Interne Faktoren – ISA (DE) 315, Tz. 11b, A31 ff.

**betriebliche Risiken**
Kundenzufriedenheit,
Personal,
Produktentwicklung,
Produktivität, Kapazitäten,
Lebenszyklus, Beschaffung,
Konditionen, Lagerhaltung,
Geschäftsunterbrechung,
Produkthaftung, Umweltschutz,
Warenzeichen/Markenschutz,
Produktqualität

**Führungsrisiken**
Führungsstil, Autorität, Akzeptanz,
Motivation, Kommunikation

**Technologierisiken**
Zugriff/Verfügbarkeit,
Integrität, Relevanz

**sonstige Risiken**
Unterschlagung, Vorteilsnahme,
Image/öffentliches Ansehen

**Finanzrisiken**
Währungskurs,
Liquidität,
Geldtransfer,
Sicherungsgeschäfte,
Kredite

### Interne Informations- und Entscheidungsrisiken

**betrieblich**
Preisfindung,
Vertragsgestaltung und
-abschluss,
Vollständigkeit und Genauigkeit,
Berichtswesen

**finanziell**
Budgetierung/Planung,
Buchhaltung,
Rechnungslegungsinformationen,
Investitionsrechnung,
Bewertung, Besteuerung

**strategisch**
Umfeldbeurteilung,
Planung, Geschäftsportfolio
Bewertung,
Organisationsstruktur,
Lebenszyklus

7. Planung und Vorbereitung der Jahresabschlussprüfung

## Bestimmung des Prüfungsrisikos (Teilrisiken)

Zusammenhänge zwischen den Komponenten des Prüfungsrisikos in Form von multiplikativen Verknüpfungen:

Prüfungsrisiko (PR) = Fehlerrisiko (FR) x Entdeckungsrisiko (ER)

PR = Inhärentes Risiko (IR) x Internes Kontrollrisiko (KR) x Risiko analyt. Prüfungen (AR) x Stichprobenrisiko (SR)*

**Kritik\*\* an dieser Darstellung:**
→ theoretisches Planungsinstrument
→ keine 100 % Sicherheit über absolute Fehlerfreiheit
→ Die einzelnen Risikokomponenten werden als unabhängig voneinander angesehen, was nicht der Fall sein kann, weil:
  - die Bestimmung des IR (Veruntreuung) durch die Ausprägung der (schwachen/ starken Kontrollen) beeinflusst wird und
  - die Bestimmung des FR die Festlegung des ER beeinflusst.
→ stichprobenfremdes Risiko nicht berücksichtigt (mangelnde Vollständigkeit)
→ subjektive Schätzung der Komponenten durch den Prüfer
→ Qualitative Unterschiede zwischen den Teilrisiken werden ignoriert u. damit Risiken gleich gewichtet.

\* WP-Handbuch – Hauptband 2021, L 297.
\*\* Vgl. Marten/Quick/Ruhnke, Kapitel II.1.2.2. „Modellkritik".

## 7.1 Planung nach dem risikoorientierten Prüfungsansatz

Folgende Matrix* veranschaulicht das Zusammenwirken der Teilrisiken „Inhärentes Fehlerrisiko" und „Kontrollrisiko" im risikoorientierten Prüfungsansatz:

|  |  | Einschätzung des Kontrollrisikos | |
|---|---|---|---|
|  |  | **hoch** | **gering** |
| Einschätzung des | **bedeutsam** | **hoch** | **moderat/gering** |
| inhärenten Risikos | **nicht bedeutsam** | **moderat/gering** | **gering** |

Werden Inhärentes Risiko und Kontrollrisiko als hoch eingeschätzt, so kann nur ein geringes Entdeckungsrisiko in Kauf genommen werden (Ausweitung der aussagebezogenen Prüfungshandlungen) und umgekehrt.

* WP-Handbuch – Hauptband 2021, L 298 ff.

## 7. Planung und Vorbereitung der Jahresabschlussprüfung

Die Einschätzungen des inhärenten Fehlerrisikos
und des Kontrollrisikos
beeinflussen unmittelbar die Entscheidung
über Art und Umfang der
aussagebezogenen Prüfungshandlungen

Beispiel:

Geringes inhärentes Fehlerrisiko, geringes Kontrollrisiko

➔ Inkaufnahme eines hohen Entdeckungsrisikos

➔ weniger aussagebezogene Prüfungshandlungen

➔ um trotzdem ein akzeptables Prüfungsrisiko zu erreichen

## 7.1.2 Informationsgrundlagen der Prüfungsplanung
### (ISA (DE) 300; IDW PS 240)

➢ **Informationen**, die im Rahmen der Annahmeentscheidung bezüglich des Prüfungsauftrags gewonnen wurden

➢ **Informationen** aus vorangegangenen Jahresabschlussprüfungen:
- ➔ Prüfungsbericht
- ➔ Erfahrungen eines anderen Prüfers
- ➔ eigene Erfahrungen
- ➔ Dauerakte, Arbeitspapiere (IDW PS 460)

**Ziel der Jahresabschlussprüfung:**

Ordnungsmäßigkeit der Rechnungslegung
(§ 317 Abs. 1 Sätze 2, 3 HGB)

**nicht:**
Urteil über wirtschaftliche Verhältnisse oder Urteil über Ordnungsmäßigkeit der Geschäftsführung („Erwartungslücke")

**Planung**
=
gedankliche Vorwegnahme zukünftigen Handelns durch systematisch vorbereitete Festlegung von Zielen und der zu ihrer Erreichung notwendigen Maßnahmen

## 7.1.3 Aufgaben und Gegenstand der Prüfungsplanung
### (ISA (DE) 300; IDW PS 240)

| Aufgaben der Prüfungsplanung | Gegenstand der Prüfungsplanung |
|---|---|
| → auf mangelnde systematische Vorbereitung beruhende Fehler im Prüfungsablauf ausschließen (in zeitlicher (Anfang/Ende), quantitativer und qualitativer Hinsicht)<br>→ laufende, verfeinernde Planung bis zum Ende der Prüfung (im Verlauf der Prüfung steigt der Informationsstand des Prüfers) – kontinuierlicher Prozess<br>→ mehrjähriger Prüfungsplan (Aufstellung, Abweichungen)<br>→ Gewährleistung der Urteilsqualität | Was wird geprüft?<br>Reihenfolge?<br>Segmentierung?<br>Effizienz?<br>→ Voraussetzung:<br>Prüfungsbereitschaft der Gesellschaft<br>→ Ziel:<br>ausreichende Grundlage für das Urteil über die Ordnungsmäßigkeit des JA erhalten, daher Orientierung an der Fehlererwartung (Risikoanalyse nach ISA (DE) 315 (Rev.); IDW PS 261) |

## Grundlagen der Prüfungsplanung*
### (unter Einbeziehung von Geschäftsprozessen und Kontrollen)

➢ **Entwicklung der Prüfungsstrategie**:
  Art/Umfang sowie zeitliche Einteilung und Ausrichtung der Prüfung; Einschätzung des Prüfungsrisikos; Festlegung der Wesentlichkeit; Analytische Prüfungshandlungen

➢ **Erstellung eines Prüfungsprogramms:**
  → Ziel: Erlangung ausreichender und angemessener Prüfungsnachweise
  → Prüfung des rechnungslegungsbezogenen Internen Kontrollsystems (Aufbau- und Funktionsprüfung)
  → Festlegung aussagebezogener Prüfungshandlungen
    - Analytische Prüfungshandlungen
    - Einzelfallprüfungen
  → Verständnis über die Verwendung der IT beim zu prüfenden Unternehmen

\* WP-Handbuch – Hauptband 2021, L 277 ff.

## progressive Prüfung

vom Geschäftsvorfall zur Erfassung in der Buchhaltung und der Darstellung im JA

Problem: breite Ausgangsbasis

Vorteil: Vollständigkeit prüfbar

## retrograde Prüfung

von der Buchhaltung (JA-Posten) zu den Geschäftsvorfällen

Problem: keine Vollständigkeitsprüfung möglich

Vorteil: leicht zugänglicher Ausgangspunkt

## lückenlose Prüfung (Vollständigkeit)  stichprobenweise Prüfung (Bestände)

abhängig von:
- den organisatorischen und wirtschaftlichen Gegebenheiten,
- der Bedeutung des Prüfgebiets,
- der gewünschten Sicherheit und Genauigkeit des Urteils,
- der Wahrscheinlichkeit von Fehlern bzw. Gesetzesverstößen,
- der zu Verfügung stehenden Prüfungszeit,
- der Wirtschaftlichkeit

## 7.1 Planung nach dem risikoorientierten Prüfungsansatz

**Entwicklung der Prüfungsstrategie und Prüfungsziele (Aussagen)**

Im Rahmen der Prüfung sind Aussagen zu treffen:

- zur Vollständigkeit
- zum Vorhandensein
- zur Periodenabgrenzung
- zur Zuordnung (Rechte und Verpflichtungen)
- zur Bewertung
- zur Darstellung, Ausweis und Berichterstattung

## 7. Planung und Vorbereitung der Jahresabschlussprüfung

### bewusst gesteuerte Auswahl

- keine willkürliche Auswahl
- Konzentrationsauswahl
  (z.B. die größten Posten – key items)
- Auswahl typischer Prüfungsgegenstände
- detektivische Auswahl
  (Erwartung hoher Fehlerwahrscheinlichkeit)

**Problem:**
systematischer Fehler aufgrund des subjektiven Prüfereinflusses

### Zufallsausauswahl
(führt zu statistischem Repräsentationsschluss bei gegebenem Sicherheits- u. Genauigkeitsgrad)

- <u>echte Zufallsauswahl</u>
  (Losverfahren)
- <u>unechte Zufallsauswahl</u> (z.B. jeder 10. Posten, Schluss-ziffernverfahren)
- <u>geschichtete Auswahl</u>: zweistufiges Verfahren; Aufteilung einer inhomogenen Grundgesamtheit in Schichten nach den verschiedenen Fehlererwartungen (geringe Streuung innerhalb der Schichten), jede Schicht wird mit Stichprobe geprüft
- <u>Klumpenauswahl</u>: zweistufiges Verfahren; Aufteilung in inhomogene Teilgesamtheiten, ausgewählte Klumpen werden lückenlos geprüft

## 7.1 Planung nach dem risikoorientierten Prüfungsansatz

**Schätz-verfahren**: Ziehung einer Stichprobe als repräsentatives Abbild des Prüffelds (Grundgesamtheit); Fehlerstruktur der Stichprobe wird auf statistisch-mathematisch Grundgesamtheit hochgerechnet.

**Test-verfahren**: Ein gerade noch akzeptabler u. ein nicht mehr akzeptabler Fehleranteil in der Stichprobe werden festgelegt. Unter der Annahme einer Normalverteilung verteilen sich die Stichprobenparameter (z.B. Fehlerhöhe) bei genügend großer Stichprobe u. ausreichender Wiederholung der Stichprobenziehung annähernd normal um den Parameter der Grundgesamtheit.

**Dollar Unit Sampling-Verfahren**: Jede Geldeinheit im Prüffeld stellt ein unabhängiges Untersuchungsobjekt dar. Dies führt zur maximal geschichteten Auswahl. Die Stichprobe wird durch eine wertproportionale Zufallsauswahl ermittelt, d.h. höherwertige Vermögensgegenstände werden mit höherer Wahrscheinlichkeit für die Stichprobe ausgewählt. Annahme: Poisson-Verteilung der fehlerhaften Geldeinheiten!
Gesucht wird die Fehlerintensität, für die bei einem Risiko von x % (= 5%) mehr als y (= 2) fehlerhafte Elemente in einer Stichprobe beobachtet werden. Die Fehlerintensität entspricht dem Produkt aus Stichprobenumfang und Fehlerwahrscheinlichkeit der Binomialverteilung. Von der Anzahl der beobachteten Stichprobenfehler wird auf Fehlerwahrscheinlichkeit im Prüffeld geschlossen.

## direkte Prüfung (ergebnisorientiert)

Prüfer befasst sich unmittelbar mit dem Prüfungsgegenstand, i.d.R. im Rahmen von Einzelfallprüfungshandlungen

Problem: u.U. Wirtschaftlichkeit

Vorteil:  direkte Prüfung, ob Geschäftsvorfall im Jahresabschluss korrekt erfasst wurde

## indirekte Prüfung (systemorientiert)

Prüfer befasst sich mit Gegebenheiten, die in einer kausalen oder funktionalen Beziehung zum Prüfungsgegenstand stehen

(z.B. Prüfung von Systemen (z.B. EDV, IKS), Verprobungen oder summarische Abstimmungen (z.B. Umsatzerlöse u. USt)).

Problem: kann direkte Prüfungen nicht vollständig ersetzen

Vorteil: besserer Einblick in das Kontrollumfeld und die im Unternehmen angewandten Verfahren (IKS) sowie Identifikation und angemessene Prüfung kritischer Schwerpunkte (bedeutsame Risiken)

## 7.1.4 Umfang der Prüfungsplanung

### Prüfungspersonal

→ Organisation des Prüfungsorgans (Einsatzplanung der Mitarbeiter)
→ Qualifikation (zur Bearbeitung heterogener Prüfungsaufgaben)
→ Vorkenntnisse über das Unternehmen und dessen Tätigkeitsbereiche – ISA (DE) 315 (Rev.)
→ branchenbezogene Kenntnisse (z.B. Produktion, Bank, Biotech)
→ einseitige Belastung und Prüfgebietsblindheit vermeiden, vgl. auch externe Rotation

### technische Hilfsmittel

→ zur Steigerung der Wirtschaftlichkeit und der Qualität
→ Prüfungshandbücher (allgemein gehalten, regeln das Prüfungsvorgehen)
→ Checklisten (nach Prüfgebieten geordnete Fragen, die bei der Prüfung vom Prüfer zu stellen und zu beantworten sind)
→ Einsatz von EDV:
  - prüfungsbegleitend (z.B. Planung, Arbeitspapiere, Berichtserstellung)
  - prüfungsintegriert (direkte Bearbeitung prüfungsrelevanter Daten), Journal Entry Testing
  - vgl. auch Kap. 10

## 7. Planung und Vorbereitung der Jahresabschlussprüfung

## Prüfungszeitvorgaben

| § 264 Abs. 1 Satz 3 HGB | Aufstellung des Jahresabschlusses ab Bilanzstichtag in drei Monaten |

| §175 Abs. 1 Satz 2 AktG, § 42a Abs. 1, 2 GmbHG | Hauptversammlung (HV) bei der AG muss in den ersten acht Monaten des Geschäftsjahrs stattfinden (Kleine Kapitalgesellschaft: elf Monate). |

| § 171 Abs. 3 AktG, § 52 Abs. 1 GmbHG | Der Aufsichtsrat hat seinen Bericht innerhalb eines Monats, nachdem ihm die Vorlagen (u.a. der Prüfungsbericht) zugegangen sind, dem Vorstand zuzuleiten. |

| §§ 175 Abs. 1 Satz 1, 123 Abs. 1 AktG, § 42a Abs. 1 GmbHG | Der Vorstand hat unverzüglich nach Eingang des Aufsichtsratsberichts die HV einzuberufen. Die HV ist mindestens dreißig Tage vor dem Tage der Versammlung einzuberufen. |

| Kalenderjahr | Bei 80% der prüfungspflichtigen Unternehmen entspricht das Geschäftsjahr dem Kalenderjahr, evtl. prüferische Durchsicht des Halbjahresfinanzberichtes, § 115 Abs. 5 WpHG. |

## Prüfungszeitplanung

### Erstprüfung oder Folgeprüfung ISA (DE) 510; IDW PS 205

Erfahrungen aus vergleichbaren Unternehmen?

U.a. Prüfung der Eröffnungsbilanzwerte

→ abhängig von den Besonderheiten des zu prüfenden Unternehmens, z.B.:
  - Leistungsprozess
  - IT-Ausstattung
  - Verfügbarkeit der Ansprechpartner
  - Gewichtung der Prüfgebiete
  - Prüfungsberichte bzw. Arbeitspapiere früherer APr
  - Stetigkeit der Rechnungslegungsmethoden

→ parallele Bearbeitung mehrerer Prüfgebiete

### Vor- bzw. Zwischenprüfung

→ Reduktion der Prüfungshandlungen in der Hauptprüfung

→ Systemprüfungen:
  - Ordnungsmäßigkeit der Buchführung
  - Funktionsfähigkeit der internen Kontrollen (Aufbau- und Funktionsprüfung des IKS)
  - Ordnungsmäßigkeit der permanenten Inventur

→ Abstimmung von Prüfungshandlungen (Saldenbestätigungsaktionen)

→ Planung der Bereitstellung von Prüfungsunterlagen in der Hauptprüfung

→ prüferische Durchsicht, § 115 WpHG

## Einfluss nachfolgender Prüfungen

- Effizienzgewinne durch Folgeprüfungen (unter Beachtung der Berufsgrundsätze)
- Prüfungsgebühren
- Kommunikation von Verbesserungsvorschlägen (Management Letter)
- Prüfung weiterer Abschlüsse im Rahmen von Konzernabschlussprüfungen (z.B. Tochterunternehmen)

- Möglichkeit zur zeitlichen Verlagerung von Prüfungshandlungen i.R. eines Prüfungsplans nutzen (Vorprüfung), genaue Risikoanalyse erforderlich
- Kontrolle der durch den Prüfer vom Unternehmen in den Vorjahren geforderten Mängelbeseitigung (bspw. im IKS) durchführen
- Prüfungsdefizite der vorangegangenen Prüfung(en) ausgleichen und kommunizieren, Hinweis auf § 320 HGB
- Verantwortlichkeiten (Vorstand, Aufsichtsrat, Abschlussprüfer) klären

## 7.1.5 Einfluss des Prüfungsrisikos auf die Prüfungsplanung

### Einfluss auf die Prüfungsmethodenplanung

➔ Grundüberlegung: wirtschaftliche Prüfung durch Methodenkombination!

➔ Strategie:   Kombination der Prüfungsmethoden, so dass das Prüfungsrisiko stufenweise begrenzt wird

➔ Beitrag der verfügbaren Prüfungsmethoden zur Gewährleistung der angestrebten Urteilssicherheit (hinreichende Sicherheit) feststellen

➔ strategiebezogene Abgrenzung der Prüfungsmethoden:
  - allgemeine Risikobeurteilung
  - analytische (= indirekte) Prüfungshandlungen
  - systemorientierte (= indirekte) Prüfungshandlungen, Kontrollrisiko
  - Einzelfallprüfungen (= direkt: Stichproben, retrograd, progressiv)

## Einfluss auf den Inhalt der Prüfungsmethoden

→ **allgemeine Risikobeurteilung**:
Schätzung des inhärenten Fehlerrisikos (schon bei der Auftragsannahme)

→ **analytische Prüfungshandlungen**:
Risiken aus Verwerfungen und disharmonischen Entwicklungen, die aus Mängeln im Buchführungssystem bzw. Manipulationen resultieren; Plausibilitätsbeurteilungen von Verhältniszahlen und Trends

→ **systemorientierte Prüfungshandlungen**:
Aufnahme des Buchführungssystems und der internen Kontrollen hinsichtlich Zuverlässigkeit und Funktionsfähigkeit – Abgleich mit Soll-Vorstellung des Prüfers, Einschätzung des Kontrollrisikos

→ **Einzelfallprüfungen**:
bewusst/zufallsgesteuert, retrograd/progressiv

## Beispiele für analytische Prüfungshandlungen

**Input-Output-Relationen:**

Spedition: Fahrleistung der Periode =
   durchschnittlicher Kraftstoffverbrauch auf 100 km x Gesamtkraftstoffverbrauch

→ **Verplausibilisierung!**

**Bilanzkennzahlen:**

Liquidität 1. Grades = liquide Mittel/kurzfristige Verbindlichkeiten

Liquidität 2. Grades = monetäres UV/kurzfristige Verbindlichkeiten

Liquidität 3. Grades = UV/kurzfristige Verbindlichkeiten

Verschuldungsgrad = Fremdkapital/Eigenkapital

Umschlagsdauer Vorräte = Ø Bestand an Vorräten/Umsatzerlöse x 365

EK-Rentabilität = Jahresüberschuss/Eigenkapital

ROI = (Jahresüberschuss + Zinsaufwand)/Gesamtkapital

Umsatzrentabilität = Jahresüberschuss/Umsatzerlöse

**Vorjahresvergleichszahlen (Veränderungen zur Vorperiode wichtiger Positionen)**

## 7.1.5.1 Prüfung des Internen Kontrollsystems (ISA (DE) 315 rev.; IDW PS 261)

**Ziel des internen Kontrollsystems***

- Sicherung von Wirksamkeit und Wirtschaftlichkeit der Geschäftstätigkeit (Schutz des Vermögens, Verhinderung/Aufdeckung von Vermögensschädigungen; Fehler in der Rechnungslegung)
- Ordnungsmäßigkeit/Verlässlichkeit der internen und externen Rechnungslegung
- Einhaltung aller einschlägigen Rechtsnormen

prozessunabhängige Überwachung:

Interne Revision

prozessabhängige Überwachung:

Organisatorische Sicherungsmaßnahmen
Kontrollen

Informations- und Kommunikationssystem

* Entsprechend IDW PS 261 Tz. 20, 22 ff.; WP-Handbuch – Hauptband 2021, L 233 ff.

## Maßnahmen zur Errichtung eines IKS

→ Risikostrategie festlegen
→ festsetzen der Maßnahmen des Risikomanagements (Identifikation, Analyse, Bewertung, Kommunikation, Vermeidung/Verminderung/Kompensation)
→ interne Berichterstattung über identifizierte bestehende und potentielle Risiken sowie eingetretene Schäden organisieren
→ Risikokontrolle: Vergleich Vorgaben der Risikostrategie mit tatsächlicher Risikosituation

**Umsetzung**

## Maßnahmen des Internen Überwachungssystems

→ Organisations-/Funktionspläne
→ Arbeitsanweisungen, Richtlinien (z.B. Kontenplan, Kontierung)
  → Vollständigkeitskontrollen
  → Bestandskontrollen (z.B. Inventur)
  → Kontrollen auf sachliche und rechnerische Richtigkeit (z.B. Zahlungsrichtlinien)
  → Funktionstrennung (z.B. Vier-Augen-Prinzip)
→ Sicherheitskontrollen (z.B. IT-Sicherungsmaßnahmen)
→ Genehmigungen (z.B. Freigabe durch Dritten)

## 7. Planung und Vorbereitung der Jahresabschlussprüfung

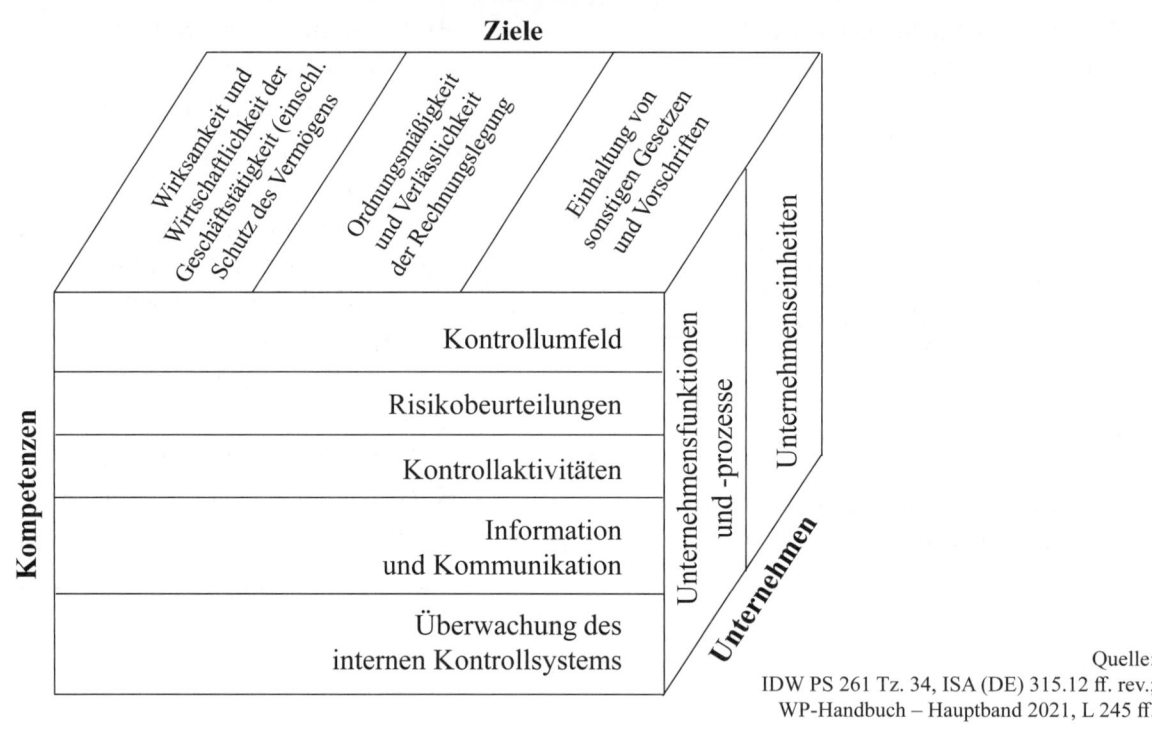

Quelle:
IDW PS 261 Tz. 34, ISA (DE) 315.12 ff. rev.;
WP-Handbuch – Hauptband 2021, L 245 ff.

## Systemorientierte Prüfungshandlungen (Prüfung des IKS)
## ISA (DE) 315 rev.; IDW PS 261

➔ Aufbauprüfung (vgl. S. 94 f.)
  Kontrollumfeld, Risikobeurteilung, Kontrollaktivitäten, Information und Kommunikation, Überwachung des Internen Kontrollsystems (IKS)

➔ Funktionsprüfung, bei Angemessenheit interner Kontrollmaßnahmen:
  Ziel: Gewinnung von Prüfungsnachweisen bzgl. der kontinuierlichen Anwendung der Regelungen des IKS

➔ Ablaufschritte der Funktionsprüfung des IKS (IDW PS 261 Tz. 73 ff.):
  - Beurteilung der Qualität der Prüfungsnachweise
  - Abgleich mit Ergebnissen der Vorjahresprüfung (Trendbildung)
  - Prüfung unterjähriger Veränderungen von Art und Umfang des IKS
  - evtl. Aktualisierung der Erkenntnisse aus der Vorprüfung auf den aktuellen Stand
  - abschließende Beurteilung der Wirksamkeit des IKS (➔ Kontrollrisiko)
  - Konsequenz: Einzelfallprüfungen oder Einholung von Bestätigungen Dritter
  - ggf. Änderung der Beurteilung der Kontrollrisiken, je nach Wesentlichkeit zusätzliche Durchführung aussagebezogener Prüfungshandlungen

| Merkmale eines funktionierenden internen Kontrollsystems | Fragestellungen/Konsequenzen für den Abschlussprüfer |
|---|---|
| ➔ Überwachung in allen Unternehmensbereichen wird tatsächlich durchgeführt.<br>➔ Aktivitäten im Unternehmen verlaufen anforderungsgerecht.<br>➔ Die buchhalterisch erfassten und verarbeiteten Daten stimmen mit der Realität überein.<br>➔ organisatorische (Nummerierung der Geschäftsvorfälle), technische (Sperren) und automatische Mechanismen und Kontrollen.<br>➔ spezifische Kontrollen für Rechnungswesen und Erstellung des Jahresabschlusses. | ➔ Werden Kontrollen (Abstimmungen, Plausibilitätsbeurteilungen, Wiederholungen von Aktivitäten) durchgeführt?<br>➔ Sind die Kontrollen wirksam? Würdigung der Wahrscheinlichkeit von falschen Darstellungen.<br>➔ Systematische Verknüpfung der Kontrollen reduziert internes Kontrollrisiko!<br>➔ Ordnungsmäßige Buchführung setzt funktionierendes IKS voraus.<br>➔ Prüfungsergebnis bestimmt Art und Umfang weiterer Prüfungshandlungen (ggf. Einschränkung von Einzelfallprüfungen). |

## 7.1 Planung nach dem risikoorientierten Prüfungsansatz

**Grundsätze der internen Kontrolle:**

- Vollziehende, verbuchende und verwaltende Tätigkeiten sind unvereinbar.
- Kein Mitarbeiter führt alle Phasen eines Geschäftsvorfalls alleine durch.
- Mindestens ein anderer Mitarbeiter, der unabhängig vom kontrollierten Mitarbeiter arbeitet, stellt die Richtigkeit dessen Arbeit fest (Vieraugen-Prinzip).
- Alle Arbeits- und Überwachungsvorgänge sind nachprüfbar.

**Erfassung des IKS:**

Welche Kontrollen sind erforderlich?

Welche Kontrollen sind wo installiert?

➔ Befragung/Beobachtung, Einsicht in Unterlagen (z.B. Organisationsplan)

**Prüfung der Funktionsfähigkeit durch Tests:**

Zeigen die vorhandenen Kontrollen tatsächlich Fehler/Mängel auf?

➔ Abstimmungsvermerke, Fehlermitteilungen, Bestätigungen

Werden entsprechende Korrekturen eingeleitet?

**Prüfung anhand von Checklisten/Fragebögen:**

Identifikation und Interview der beteiligten Personen

**Prüfung anhand eines Ablaufschemas der untersuchten Arbeitsvorgänge**

Identifkation der beteiligten Personen und der verwendeten Unterlagen

**Bedeutsame Risiken?**

Risiko doloser Handlungen

Komplexe Geschäftsvorfälle

Nahe stehende Personen

Bedeutsame wirtschaftl. Entwicklungen

## 7. Planung und Vorbereitung der Jahresabschlussprüfung

**Ablaufdiagramm zur Prüfung der internen Kontrollen bei Kundenbestellungen und Fakturierung I**

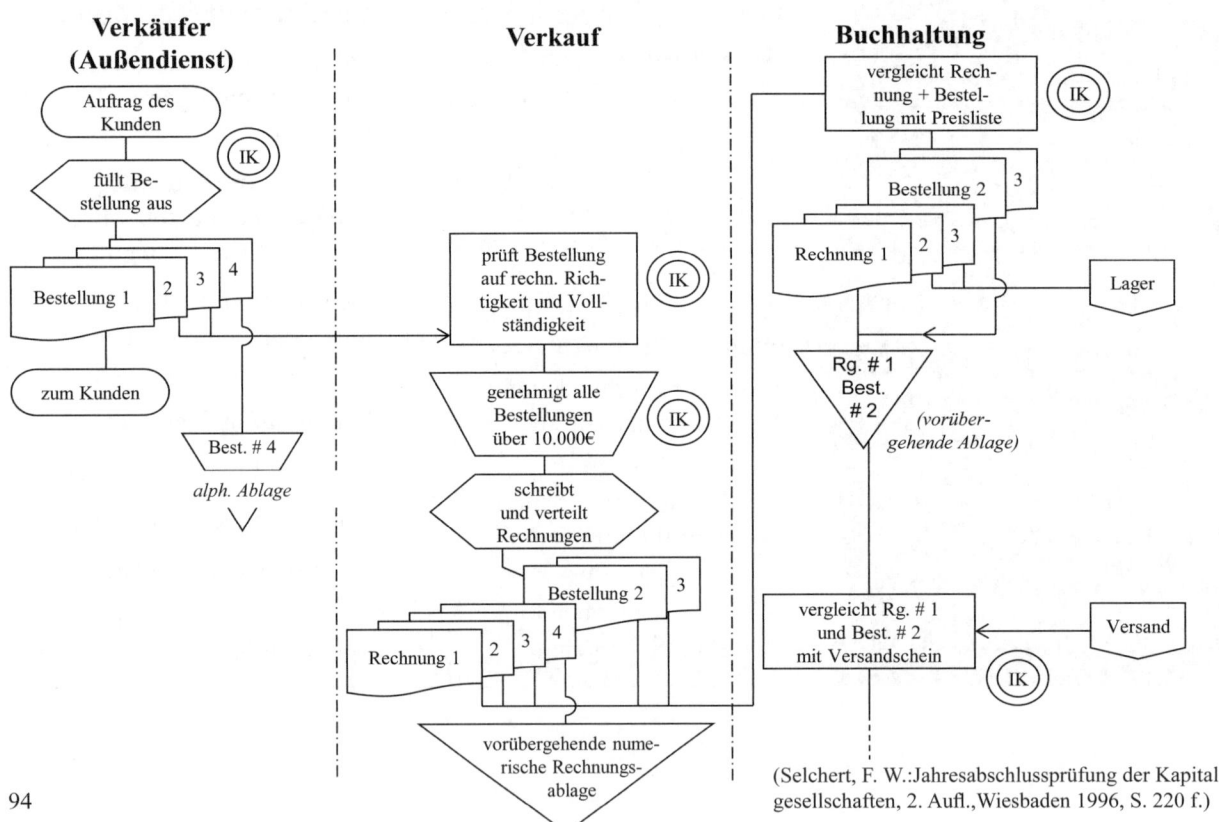

(Selchert, F. W.: Jahresabschlussprüfung der Kapitalgesellschaften, 2. Aufl., Wiesbaden 1996, S. 220 f.)

7.1 Planung nach dem risikoorientierten Prüfungsansatz

## Ablaufdiagramm zur Prüfung der internen Kontrollen bei Kundenbestellungen und Fakturierung II

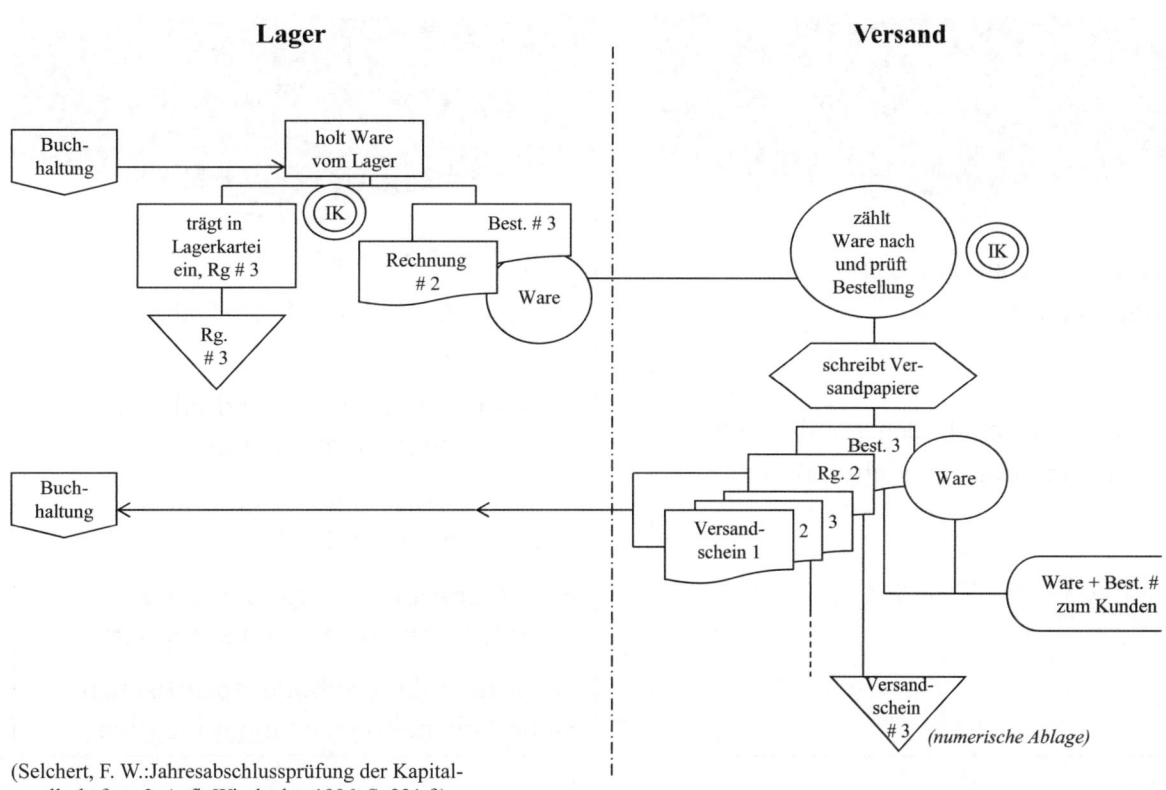

(Selchert, F. W.: Jahresabschlussprüfung der Kapitalgesellschaften, 2. Aufl., Wiesbaden 1996, S. 221 f.)

## 7.1.5.2 Urteilssicherheit der Prüfungsmethoden

**allgemeine Risikobeurteilung**
**ISA (DE) 315 rev.; IDW PS 261**

➢ lediglich Schätzung des inhärenten Risikos

Ermittlung des methodenspezifischen Sicherheitsbeitrags ist <u>nicht</u> möglich.

Vgl. ISA (DE) 315 rev., Tz. 4.

**analytische Prüfungshandlungen**
**ISA (DE) 520; IDW PS 312**

mögliche Probleme:

➢ ungeeignete/fehlerhafte Daten verwendet,

➢ unterlassene, fiktive und falsche Buchungen nicht erkennbar,

➢ keine ursachengerechte Beurteilung durch den Prüfer,

➢ vordergründige Argumente des Unternehmens werden akzeptiert

Ermittlung des methodenspezifischen Sicherheitsbeitrags ist <u>nicht</u> möglich.

## 7.1 Planung nach dem risikoorientierten Prüfungsansatz

**systemorientierte Prüfungshandlungen**
**ISA (DE) 315 rev.; IDW PS 261**

- ➢ Schätzung des internen Kontrollrisikos
- ➢ Anhand dieser Schätzung wird der Prüfungsumfang festgelegt.

Ermittlung des methodenspezifischen Sicherheitsbeitrags ist <u>nicht</u> möglich.

Vgl. ISA (DE) 315 rev., Tz. 4 f.

**aussagebezogene Prüfungshandlungen**
**ISA (DE) 500; IDW PS 300**

statistische Berechnung des Stichprobenumfangs und dadurch:

Ermittlung des methodenspezifischen Sicherheitsbeitrags!

Aber auch die lückenlose Prüfung führt nicht zu einer 100 % Urteilssicherheit, weil ein Fehler des Prüfers nach wie vor möglich ist.

**Konsequenz: Die Prüfungsplanung ist von außergewöhnlicher Wichtigkeit, auf sie ist besondere Sorgfalt anzulegen!**

## 7.1.5.3 Sicherheitsbeiträge der Prüfungsmethoden unter Berücksichtigung der Prüfungskosten

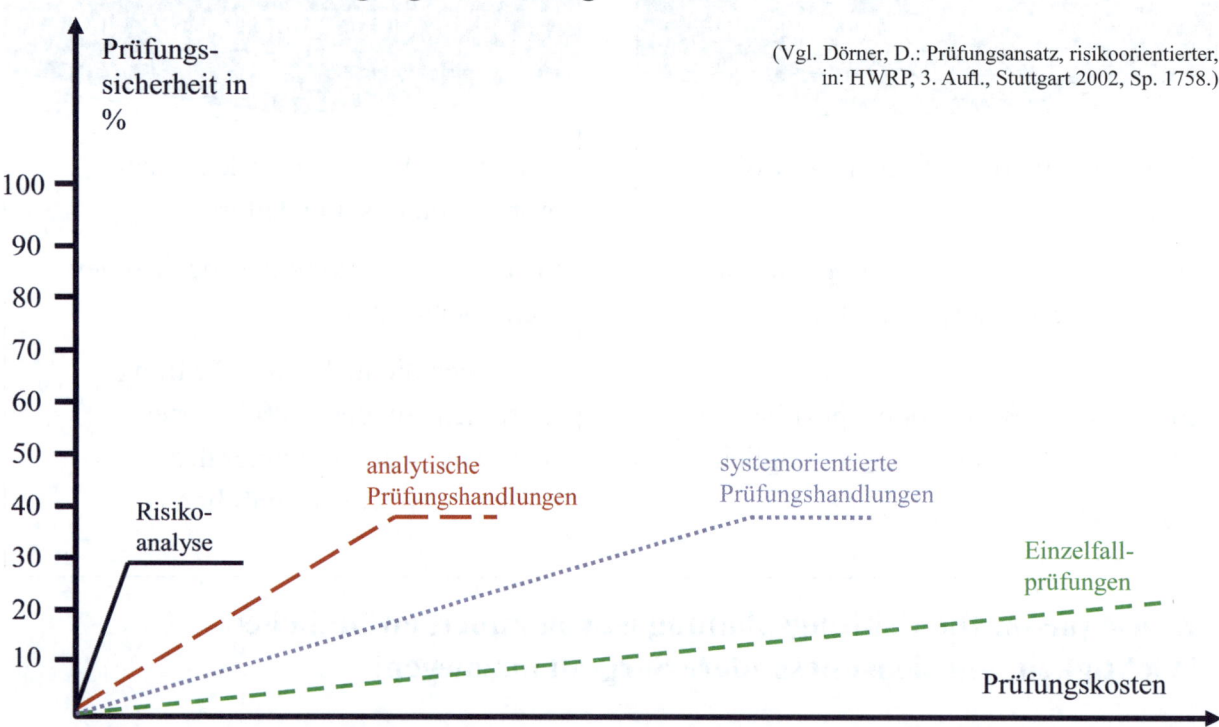

(Vgl. Dörner, D.: Prüfungsansatz, risikoorientierter, in: HWRP, 3. Aufl., Stuttgart 2002, Sp. 1758.)

## 7.1.5.4 Risikoorientierte Kombination der Prüfungsmethoden unter Berücksichtigung der Prüfungskosten

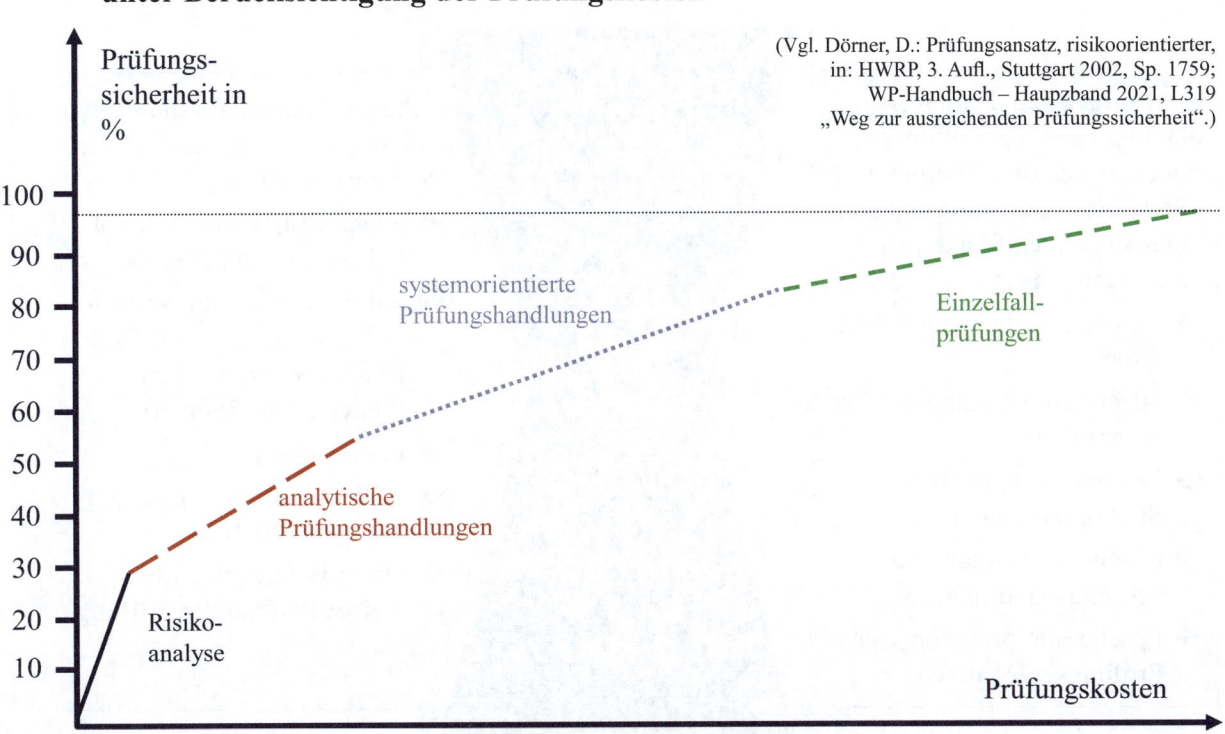

(Vgl. Dörner, D.: Prüfungsansatz, risikoorientierter, in: HWRP, 3. Aufl., Stuttgart 2002, Sp. 1759; WP-Handbuch – Haupzband 2021, L319 „Weg zur ausreichenden Prüfungssicherheit".)

## 7.1.6 Zusammenfassung risikoorientierte Prüfungsplanung

Eine **sorgfältige** Prüfungsplanung kann das Prüfungsrisiko reduzieren. Allerdings gilt es die der Prüfungstätigkeit innewohnenden Risiken zu vermeiden, z.B.:

→ Auswahl ungeeigneter Prüffelder,

→ falsche Abgrenzung der Grundgesamtheit,

→ Fehleinschätzung des Stichprobenrisikos,

→ falsche Anwendung von Prüfungshandlungen,

→ falsche Interpretation von Prüfungsergebnissen.

**Restrisiko**

Auswirkungen auf die Festlegung von Prüfungsstoff und Prüfungsreihenfolge:

→ zuerst Prüfgebiete mit hoher Fehlererwartung bearbeiten,

→ durch bewusst abgegrenzte Prüfgebiete auf identifizierte Risiken konzentrieren (bedeutsame Risiken),

→ Fraud-Risiko

→ Rolle des rechnungslegungsbezogenen IKS

→ Orientierung am stufenweisen Aufbau der Prüfung.

## 7.1 Planung nach dem risikoorientierten Prüfungsansatz

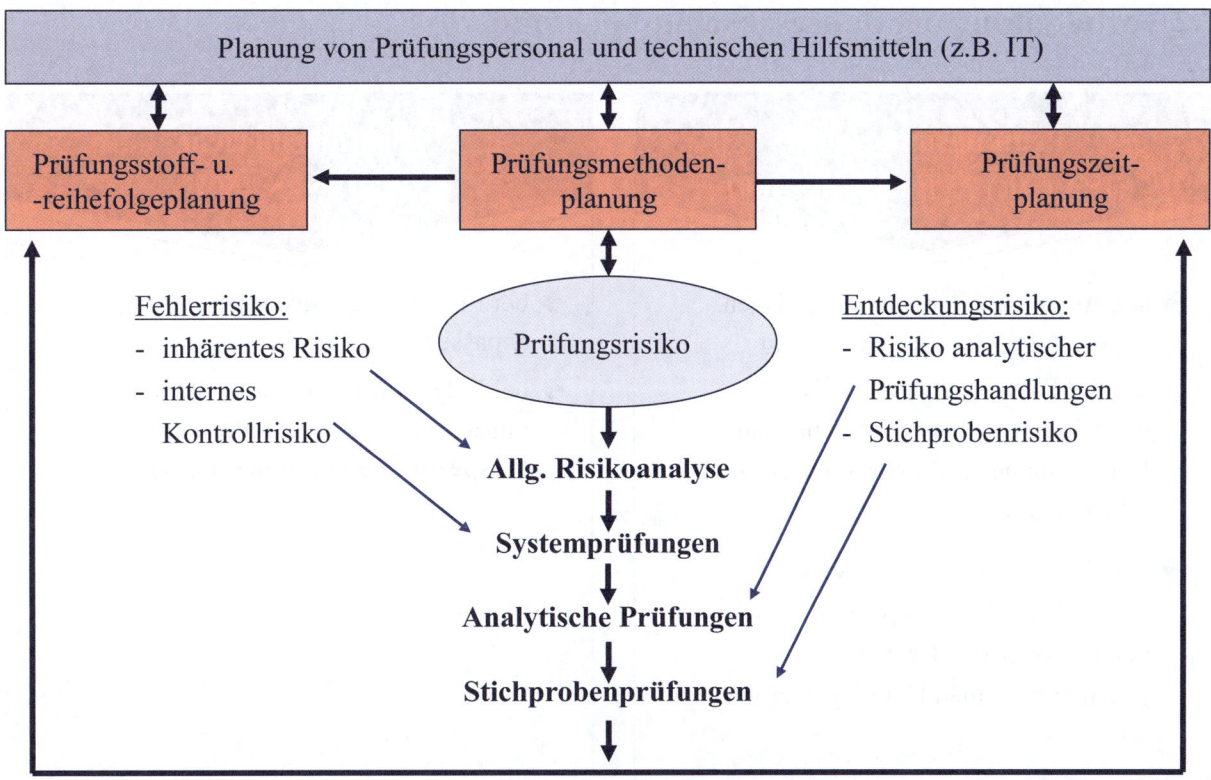

(Vgl. Selchert, F. W.: Jahresabschlussprüfung der Kapitalgesellschaften, 2. Aufl., Wiesbaden 1996, S. 180.)

## 7.2 Vorbereitung der Jahresabschlussprüfung

**Prüfungsunterlagen
(ISA (DE) 230; IDW PS 460)**

→ alle Aufzeichnungen und Unterlagen, die der Prüfer im Zusammenhang mit der Planung und Durchführung der Jahresabschlussprüfung und zur Herleitung des Prüfungsergebnisses selbst erstellt

→ alle Schriftstücke und Unterlagen, die der Prüfer vom geprüften Unternehmen oder von Dritten als Ergänzung zu seinen Unterlagen erhält

**Prüfungsbericht
(IDW PS 450)**

→ bei Erstprüfung Musterbericht anpassen

→ bei Folgeprüfung Vorjahresbericht umstellen (Vorjahreszahlen, fallspezifische Formulierungen)

## 7.2 Vorbereitung der Jahresabschlussprüfung

### Dauerakte
### ISA (DE) 230; IDW PS 460

➔ systematische Sammlung von Unterlagen, welche die wesentlichen Grundlagen des Unternehmens dokumentieren und die für mehrere Jahresabschlussprüfungen von Bedeutung sind

➔ Fortschreibung in jeder Jahresabschlussprüfung (Aktualisierung/Neuaufnahme);

➔ z.B. Informationen zu rechtlichen, wirtschaftlichen und personellen Verhältnissen, Innenorganisation, Rechnungslegung und Prüfung

### Arbeitspapiere
### ISA (DE) 230; IDW PS 460

➔ (standardisierte) Dokumentation der Ordnungsmäßigkeit der Prüfung

➔ (standardisierte) Dokumentation der Prüfungsplanung

➔ (standardisierte) Dokumentation aller prüfungsrelevanten Feststellungen und Nachweise einer Jahresabschlussprüfung, auf die sich der Prüfer bei der Ableitung seines Prüfungsurteils stützt

➔ stetige Dokumentationsstruktur führt zur interperiodischen Vergleichbarkeit.

➔ endgültige Prüfungsakte nach ISCQ 1

## 7. Planung und Vorbereitung der Jahresabschlussprüfung

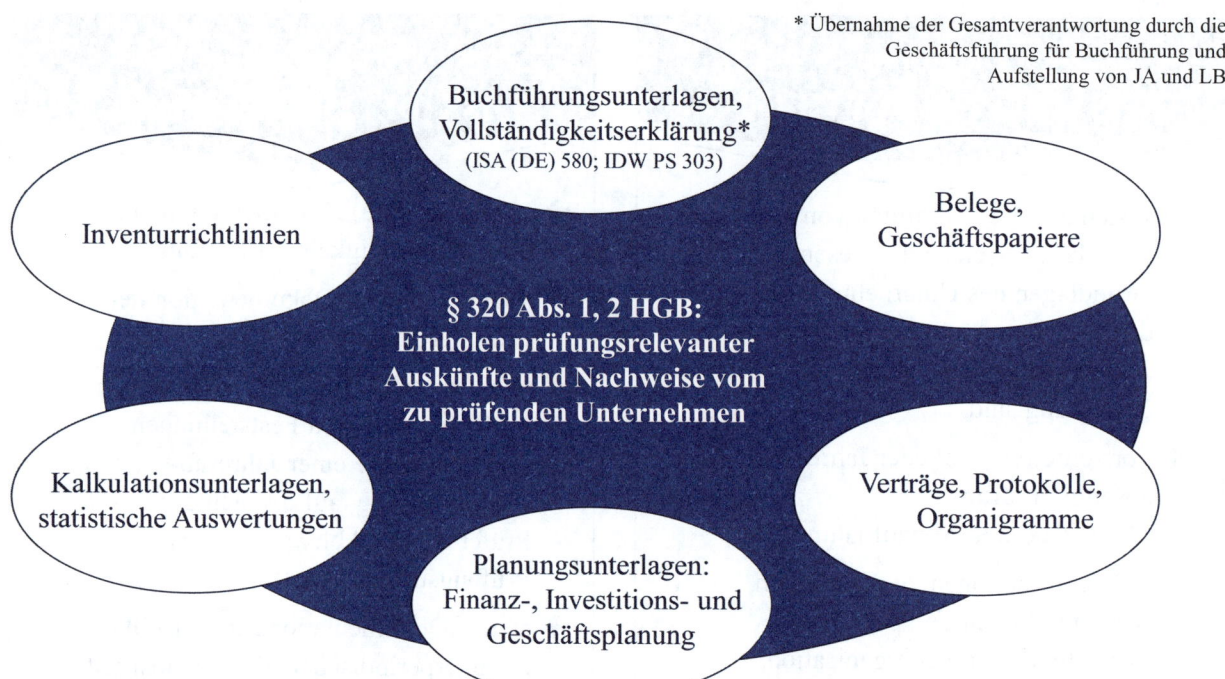

➡ **Die Prüfungsreihenfolge mit der Prüfungsbereitschaft des Unternehmens abstimmen!**

## Einholung prüfungsrelevanter Auskünfte und Nachweise von Dritten

### Saldenbestätigungen
### ISA (DE) 505; IDW PS 302

- ➢ von Debitoren und Kreditoren des Unternehmens
- ➢ Bestätigung der bestehenden Salden zum Bilanzstichtag
- ➢ Methoden:
  - **positive Methode**: Dritter bestätigt schriftlich die (Nicht-)Übereinstimmung mit dem ausgewiesenen Saldo (ggf. Überleitung). ++
  - **negative Methode**: Dritter wird gebeten, nur dann zu antworten, wenn er mit dem ausgewiesenen Saldo nicht einverstanden ist.
  - **offene Methode**: Dritter wird gebeten, den bei ihm geführten Saldo mitzuteilen. +-

### sonstige Bestätigungen
### ISA (DE) 505; IDW PS 302

- ➢ Bestätigungen für von Dritten verwahrtes Vermögen (fremde Läger, Miete, Pacht)
- ➢ Bankbestätigungen (Kontensalden, Unterschriftsberechtigungen usw.), nur entbehrlich, wenn kein bedeutsames Risiko, Einholung unpraktikabel und unwirtschaftlich (bzgl. erzielbarem Prüfungsrisiko) und einschlägige Kontrollen sind wirksam (PS 302.23)
- ➢ Rechtsanwaltsbestätigungen (Risiken aus Rechtsstreitigkeiten)
- ➢ Bestätigungen von Sachverständigen (Steuerberater, Ingenieure)

## personelle Prüfungsbereitschaft beim zu prüfenden Unternehmen

→ die Personen, die für Auskünfte und Nachweise an die Prüfer in Frage kommen, stehen während der Prüfung zur Verfügung

→ <u>nicht</u> ständige Anwesenheit, ggf. Vertretung bei Abwesenheit

## sachliche Prüfungsbereitschaft beim zu prüfenden Unternehmen

→ sämtliche für die Prüfung erforderlichen Unterlagen und Informationen werden in der benötigten Form rechtzeitig bereitgestellt (§ 320 HGB)

→ Räumlichkeiten mit entsprechender Büroeinrichtung (Telefon, EDV-Zugang, verschließbare Schränke usw.)

## 7.3 Geschäftsprozessorientierter Prüfungsansatz

Steigendes **Geschäftsrisiko*** führt zu einem steigenden Prüfungsrisiko. Deshalb:

➔ Prüfer muss spezifisches Wissen über die Geschäftstätigkeit, das rechtliche und das wirtschaftliche Umfeld seines Mandanten erlangen (ISA (DE) 315 rev.; IDW PS 230).

➔ Identifikation der:
- für den Unternehmenserfolg wichtigen Erfolgsfaktoren
- Unternehmensstrategie
- möglichen, die Strategie ggf. gefährdenden Risiken und der Reaktion des Mandanten auf diese Risiken
- Geschäftsprozesse (Risiken und Kontrollmechanismen)

**Vorgehensweise:**
1. strategische Analyse
2. Analyse der Geschäftsprozesse und Kontrollen (IKS)
3. Analyse der Geschäftsdurchführung
4. Risikobeurteilung
5. kontinuierliche Verbesserung

**top-down-Ansatz:**

Von der Gesamtheit der Geschäftsprozesse und des Umfelds wird auf die einzelnen Risiken und Prüfungsgegenstände geschlossen

* Geschäftsrisiko = Risiko, dass das Unternehmen seine Ziele nicht erreicht

## 7.3 Geschäftsprozessorientierter Prüfungsansatz

**Probleme:**

➔ Umsetzung der Prüfungserkenntnisse in ein Prüfungsurteil bezüglich der Übereinstimmung des Jahresabschlusses mit den relevanten Rechnungslegungsnormen

➔ Weitere (systemorientierte, analytische, auf den Einzelfall bezogene, aussagebezogene) Prüfungshandlungen müssen durchgeführt werden.

**Wesentlicher Bestandteil des risikoorientierten Prüfungsansatzes!
(ISA (DE) 315 rev.; IDW PS 261)**

## 7.4 Fraud-Prüfung (ISA (DE) 240; IDW PS 210)

**Fehler/Error:** unbewusste Falschaussagen, unbeabsichtigte (Schreib-, Buchungs-, Rechen-)Fehler, irrtümlich falsche Anwendung von Normen

**Fraud:** betrügerische Handlung in Form von Täuschung, Diebstahl, Unterschlagung i.V.m. Manipulation der Buchführung bzw. des Jahresabschlusses (z.B. Lagerdiebstahl, Bilanzfälschung)

**Pflichten des Abschlussprüfers:** Identifizierung der Risiken wesentlich falscher Darstellungen aufgrund von dolosen Handlungen; Erlangung hinreichender Sicherheit, dass JA frei von falschen Darstellungen ist

**Verhinderung von Fraud**

➔ Unternehmensleitung:
IKS einrichten/verbessern (Funktionentrennung, interne Revision, interne Kontrollstufen; Risikofrüherkennung, vgl. § 91 Abs. 3 AktG)

➔ Abschlussprüfer:
positive Suchverantwortung, d.h. bei Risikoeinschätzung des Mandats entsprechende systemorientierte bzw. analytische Prüfungshandlungen einplanen (inhärente Risiken, interne Kontrollrisiken)

## 7.4 Fraud-Prüfung

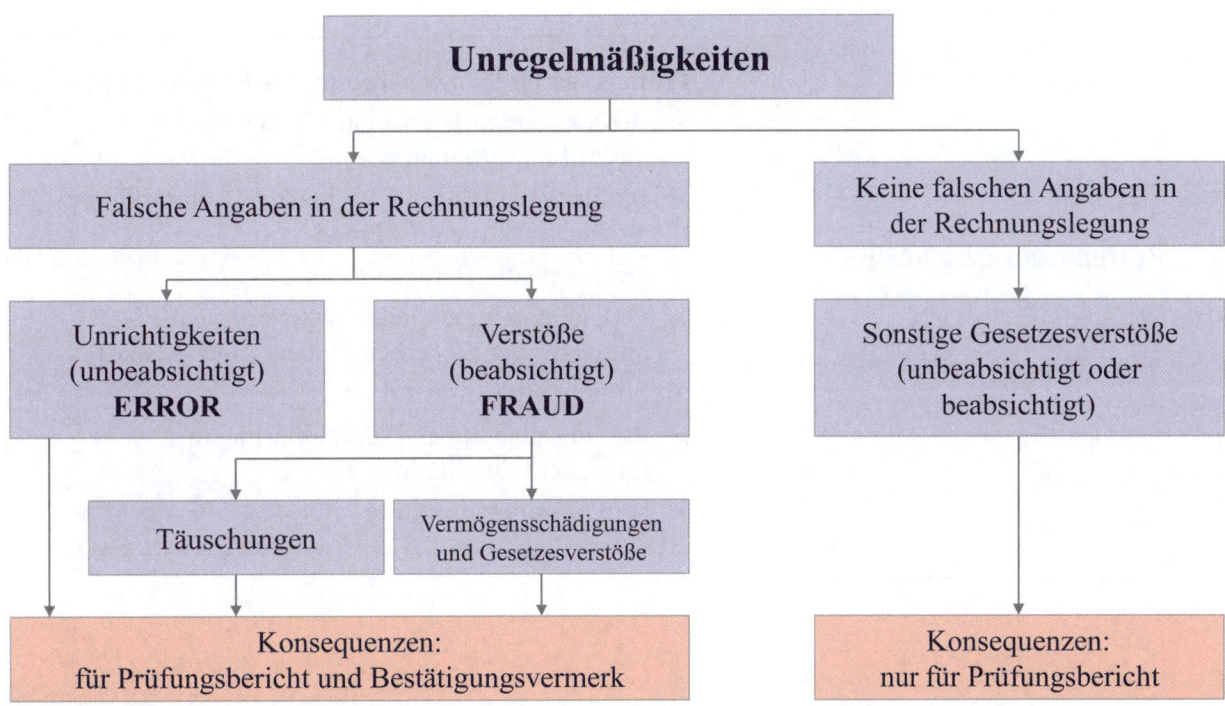

Quelle: IDW PS 210

## 7. Planung und Vorbereitung der Jahresabschlussprüfung

**Prüfungsansatz gemäß**

**§ 317 Abs. 1 S. 3 HGB**

Prüfung der Ordnungsmäßigkeit der Rechnungslegung:
- Berücksichtigung erkannter Risikofaktoren im Prüfungsprogramm
- Motivation, Gelegenheit, (innere) Rechtfertigung als Risikofaktoren für Fraud
- gewissenhafte Berufsausübung
- Feststellung wesentlicher falscher Angaben mit hinreichender Sicherheit (bedeutsames Risiko)
- Prüfung der Umsatzerlöse
- Prüfungsplanung und -durchführung mit kritischer Grundhaltung
- kein Misstrauensauftrag

## 7.4 Fraud-Prüfung

### Anforderungen an den Abschlussprüfer

Prüfer braucht kritische Grundhaltung, entsprechende ethische Grundeinstellung und ein Gespür für Unregelmäßigkeiten.

Bei der Identifizierung von Risiken muss APr. von der Vermutung ausgehen, dass bei der Erlöserfassung Risiken doloser Handlungen bestehen, ISA (DE 240.26).

### Fraud i.R.d. Jahresabschlussprüfung

→ führt zur Einschränkung/Versagung des Bestätigungsvermerks (IDW PS 400)
→ erfordert zusätzliche Angaben im Prüfungsbericht (IDW PS 450)
→ Mitteilungen an Aufsichtsbehörden und Überwachungsstellen (beachte: Verschwiegenheitspflicht)

### Auftrag für eine Unterschlagungsprüfung

→ Verdachtsmomente (z.B. auffälliger Lebenswandel) bzw. konkrete Vermögensschäden liegen vor
→ Abschreckung
→ Einsatz kriminalistischer Methoden (Observierung, Überraschungsprüfung, kontrollierte Locksituationen, Durchsuchungen)
→ Identifikation des Täters
→ eigenständiger Bericht

# 8. Durchführung der Jahresabschlussprüfung von Kapitalgesellschaften

## 8.1 Prüfung der Fortführungsprämisse (going concern)

> ➢ **§ 252 Abs. 1 Nr. 2 HGB:**
> Von der Fortsetzung der Unternehmenstätigkeit ist am Bilanzstichtag (für 12 Monate) solange auszugehen, bis tatsächliche Gegebenheiten dem entgegenstehen (z.B. Zahlungsunfähigkeit).
> ➢ Unternehmensfortführung nicht möglich, Vermögensgegenstände mit erwarteten Liqidationswerten ansetzen, ggf. Rückstellungen (z.B. Sozialplan)
> ➢ IDW PS 270, IDW PS 800, ISA 570, § 317 Abs. 4a HGB

Unternehmensspezifische
**Beurteilung des inhärenten Risikos** hinsichtlich:
→ finanzieller (z.B. Verschuldungsgrad, Cash Flow, ROI, erhebliche Verluste)
→ betrieblicher (z.B. Abgang von Führungskräften, Verlust von Märkten)
→ sonstiger Indikatoren (z.B. Rechtsstreitigkeiten)

**Prüfung des Prognosesystems** → Risikofrüherkennungssystem gem. § 91 Abs. 2 AktG, Plausibilität der Prognosen, Vergleich früherer Prognosen mit der Realität der jeweiligen Zeiträume

**Berichterstattung im Prüfungsbericht** (§ 321 Abs. 1 Satz 2 HGB)

## 8.1 Prüfung der Fortführungsprämisse

**§ 322 Abs. 2 Satz 3 HGB**

Im Rahmen des Bestätigungsvermerks ist über die den Fortbestand des Unternehmens gefährdenden Risiken zu urteilen:
- → Prämisse erfüllt: keine Zusätze, keine Einschränkung
- → erhebliche Zweifel an der Fortführung bzw. Fortführungsprobleme vom Unternehmen im JA/LB offen gelegt: keine Zusätze, keine Einschränkung, aber Ergänzung des Bestätigungsberichts um einen gesonderten Hinweis
- → keine angemessene Offenlegung der Zweifel an der Fortführung: zusätzliche fallspezifische Ausführungen, eingeschränkter Bestätigungsvermerk

gesonderter Hinweis im Bestätigungsvermerk:
- → auf die Art des Risikos eingehen,
- → Verweis auf diesbezügliche Ausführungen im Lagebericht (LB)

Fortführung nicht als angemessen beurteilt (u.a. im Lagebericht) und wesentlich, um Irreführung der Adressaten zu vermeiden
→ **Versagungsvermerk!**

Weist der Prüfer im Bestätigungsvermerk nicht auf Risiken hin, kann dies nicht als Garantie für gesicherte Fortführung gesehen werden.

**Problem** | Berichterstattung des Prüfers als selbsterfüllende Prophezeiung

## 8.2 Prüfung der Unternehmensgrößenklasse*

### Aufgabe des Abschlussprüfers

feststellen, ob:

→ die Größenmerkmale erfüllt sind und

→ die zeitliche Bedingung der Größenklassenzugehörigkeit gegeben ist oder ob

→ freiwillig die Anforderungen einer höheren Größenklasse erfüllt werden (Satzung)

→ Befreiungsvorschriften beachten (§ 276 HGB)

### Dokumentation

→ Nachweise und erteilte Auskünfte in den Arbeitspapieren festhalten

→ Vermerk, welche Größenklasse vom Unternehmen zugeordnet wurde und ggfs. ob Befreiungsvorschrift einschlägig

→ Zustimmung des Prüfers

→ ggf. Vermerk in der Dauerakte

### Merkmale (1. Teil)

**Bilanzsumme**
→ § 267 Abs. 4a HGB
→ § 266 Abs. 2 HGB

**Umsatzerlöse**
→ § 277 Abs. 1 HGB

\* Schwellenwerte, vgl. S. 8.

## Merkmale (2. Teil)

**Zahl der Arbeitnehmer (§ 267 Abs. 5 HGB)**

Arbeitnehmer = natürliche Person, die aufgrund eines privatrechtlichen Vertrags weisungsgebunden eine Dienstleistung erbringt

Deshalb müssen auch berücksichtigt werden:
- ➔ Teilzeitbeschäftigte und Aushilfen (nur vorübergehend beschäftigt),
- ➔ vorübergehend Nichtbeschäftigte (Krankheit, Erziehungsurlaub),
- ➔ Kurzarbeiter und Heimarbeiter,
- ➔ im Ausland Beschäftigte sowie
- ➔ bereits Gekündigte, deren Arbeitsverhältnis am Stichtag noch besteht.

Nicht zu berücksichtigen sind:
- ➔ Vorstände bzw. Geschäftsführer und Aufsichtsräte bzw. Beiräte,
- ➔ Leiharbeitskräfte und Azubis, Praktikanten, Arbeitnehmer in Elternzeit,
- ➔ selbständig Tätige (Rechtsanwälte, Berater) sowie
- ➔ freiwillig Wehr- und Zivildienstleistende und Vorruheständler.

## 8.3 Prüfung des Risikofrüherkennungssystems (IDW PS 340)

**Gesetzesbegründung**

→ Das Aktienrecht beinhaltet ein vielschichtiges Kontrollsystem,

→ besonderes Gewicht liegt auf einer unternehmensinternen Kontrolle durch den Vorstand (z.B. durch Interne Revision, Controlling).

→ Verpflichtung des Vorstands, für ein angemessenes Risikofrüherkennungssystem und für eine angemessene interne Revision zu sorgen, soll verdeutlicht werden.

**§ 91 Abs. 2 AktG**

**Risikoarten**

→ Unternehmensführung (Strategie, Führungsstil, Kommunikation)

→ leistungswirtschaftliche Risiken (Produktion, Beschaffung, Absatz)

→ finanzwirtschaftliche Risiken (Umsatz, Ergebnis, Liquidität, Kreditrahmen)

→ externe Risiken (Gesetz, Technologie, wirtschaftliche Entwicklung)

## 8.3 Prüfung des Risikofrüherkennungssystems

Pflichtprüfung bei börsennotierten Aktiengesellschaften (§ 317 Abs. 4 HGB, § 321 Abs. 4 HGB, IDW PS 340) Ausstrahlungswirkung auf GmbH

keine Geschäftsführungsprüfung, sondern Prüfung der Zweckmäßigkeit und Einhaltung des Risikofrüherkennungssystems

Beurteilung der Eignung der Maßnahmen:
→ **Soll-Soll-Vergleich:** Vergleich des Soll-Überwachungssystems mit den Soll-Vorstellungen des Abschlussprüfers (Kontrollumfeld, Risikobeurteilung, Kommunikation, Aktivitäten)
→ **Soll-Ist-Vergleich:** Vergleich des realisierten Überwachungssystems mit den Soll-Vorstellungen des Abschlussprüfers (Plausibilitätsbeurteilung, Systemprüfung, Einzelfallprüfungen)

**Interne Revision/ Controlling:**

➢ **institutionelle Einordnung (Unabhängigkeit)**

➢ **fachliche Kompetenz/berufliche Qualifikation**

➢ **Ermittlung der der Arbeitsergebnisse**

Eine Verwertbarkeit der (internen) Prüfergebnisse ist nur möglich, wenn diese nachvollziehbar und zuverlässig sind (ISA (DE) 610, IDW PS 321).

## Berichterstattung über die Prüfung des Risikofrüherkennungssystems

→ eigenständiger Teil des Prüfungsberichts
(§ 321 Abs. 4 Satz 1 HGB; IDW PS 450)

→ keine Berichterstattung über das Prüfungsergebnis im Bestätigungsvermerk
(PS 340 Tz. 32, PS 400)

→ Ausführungen über Einrichtung und Eignung des Risikofrüherkennungssystems

→ bei Mängeln: Feststellung des Verbesserungsbedarfs (ohne Pflicht zur Nennung konkreter Verbesserungsvorschläge gem. IDW PS 450)

→ Mängel haben grundsätzlich keine direkte Auswirkung auf den Bestätigungsvermerk.

→ Wenn die festgestellten Mängel die Ordnungsmäßigkeit der Buchführung in Frage stellen o. die Darstellung im Lagebericht beeinflussen, kann dies die Einschränkung bzw. Versagung des Bestätigungsvermerks nach sich ziehen (IDW PS 400 und 405).

## 8.4 Prüfung des Systems des Rechnungswesens

| Prüfungsgebiete | Feststellungen des Prüfers |
|---|---|
| ➢ Struktur des Rechnungswesens (Geschäftsbuchführung, Kostenrechnung, Kalkulation, Planungsrechnung, IT)<br><br>➢ allgemeine Verfahrensweisen (Datenerfassung, -verarbeitung und -weiterverwendung im Jahresabschluss, Archivierung)<br><br>➢ unternehmenseigene Anweisungen, Richtlinien und Regelungen<br><br>➢ Prozess der Erstellung des Jahresabschlusses | ➢ ob die GoB eingehalten werden<br><br>➢ ob die praktizierte Buchführungsform die gestellten Anforderungen erfüllt<br><br>➢ ob die Ansatzstetigkeit gemäß § 246 Abs. 3 S. 1 HGB und die Bewertungsmethodenstetigkeit gemäß § 256 Abs. 1 Nr. 6 eingehalten werden<br><br>➢ ob das Rechnungswesen als tragfähige Beurteilungsgrundlage für den Jahresabschluss dienen kann<br><br>➢ Grundsätze ordnungsmäßiger Buchführung bei Einsatz von Informationstechnologie (IDW RS FAIT 1) |

## 8. Durchführung der Jahresabschlussprüfung von Kapitalgesellschaften

### Aufzeichnung der Geschäftsvorfälle nach GoB

- Beurteilung zu Beginn der Prüfung (davon hängt die Verwendung v. Buchführungsunterlagen für weitere Prüfungshandlungen ab)
- i.d.R. als EDV-Systemprüfung bei der Erstprüfung (vom Ergebnis der Systemprüfung auf die ordnungsgemäße Verarbeitung der Geschäftsvorfälle schließen)
- ISA (DE) 315, IDW PS 330

### materielle GoB, u.a.:

- Vollständigkeit (zeitnahe, lückenlose Erfassung aller Geschäftsvorfälle)
- Vorsichtsprinzip
- Realisationsprinzip, Imparitätsprinzip
- Wirklichkeit/Wahrheit (nur tatsächlich stattgefundene Geschäftsvorfälle erfasst)
- Begründetheit (Buchungsbeleg als Nachweis)
- Richtigkeit

### formelle GoB, u.a.:

⇨ Sachkundiger Dritter kann sich in dieser Buchführung zurechtfinden u. sich ohne unangemessen hohen Aufwand ein Bild von der VFE-Lage verschaffen sowie

⇨ in angemessener Zeit einen Abschluss aus der Buchführung entwickeln.

- Klarheit (Kontenbezeichnung/-plan, Belegnummerierung, -verweise, Aufbewahrung)
- Sicherheit (Sprache, Zeichen, Fälschungssicherheit)

## 8.5 Ausgewählte Prüfgebiete und Prüfungsgegenstände in der Bilanz
### 8.5.1 Immaterielle Vermögensgegenstände und Sachanlagen

**Prüfungsumfang:**
- Bilanz
  (Ausweis gem. § 266 HGB,
  Bilanzierung und Bewertung)
- GuV (Ab-/Zuschreibung,
  Realisierung stiller Reserven/
  Lasten), §275 HGB
- Anlagengitter
  (§ 284 Abs. 3 HGB)
- Anhang
  (§§ 284 Abs. 2 Nr. 1,
   285 Nr. 13, 22, 28 HGB)

**Besonderheiten:**
- Prüfung der Bestände, Zugänge und Abgänge
- Abgrenzung Anlage- und Umlaufvermögen
  (§ 247 Abs. 2 HGB – Zweckbestimmung des Vermögensgegenstands, Absicht des Unternehmens)
- Abgrenzung Forschung und Entwicklung
- Inventarisierung (§ 240 Abs. 1 und 2 HGB):
  Bestandsverzeichnis, Belege (Kaufverträge, aktuelle Grundbuchauszüge, Zahlungsbelege)
  → Prüfung der Ordnungsmäßigkeit und der Vollständigkeit
- Einzelkonten Nebenbuch/Sammelkonten Hauptbuch

## Prüfung der Bilanzierung und Bewertung I

➢ Wahlrecht gemäß § 248 Abs. 2 HGB

➢ Ausweis der Zugänge:
  ➔ GuV: aktivierte Eigenleistungen (GKV), keine Umsatzkosten (UKV)
  ➔ Anlagengitter (§ 284 Abs. 3 HGB)
     beachte: GWG gem. § 6 Abs. 2, 2a EStG

➢ Bewertung der Zugänge (§ 255 HGB):
  ➔ Anschaffungskosten: Währungsumrechnung bei Zugang/Zahlung, Minderungen, Nebenkosten, echte und unechte Gemeinkosten, Eigen-/Fremdkapitalzinsen, nachträgliche Minderungen bzw. Erhöhungen;
  ➔ Herstellungskosten: kalkulatorische Kosten, Fremdkapitalzinsen, Unterschiede Handels-/Steuerbilanz, latente Steuern, Unterbeschäftigung (Aufwand für stillgelegte Anlage in den Gemeinkosten);
  ➔ Herstellungskosten eines selbst geschaffenen immateriellen Vermögensgegenstandes, § 255 Abs. 2a HGB (Ausschüttungssperre: § 268 Abs. 8 HGB).

## Prüfung der Bilanzierung und Bewertung II

- Abgrenzung Herstellungs- und Erhaltungsaufwand
- Abschreibungen gem. § 253 Abs. 3 HGB
    - Abschreibungsbeginn (pro-rata-temporis)
    - planmäßige Abschreibung:
        - wirtschaftliche Nutzungsdauer
        - Methoden (linear, degressiv, progressiv, leistungsabhängig)
    - außerplanmäßige Abschreibungen gem. § 253 Abs. 3 S. 5 HGB
      (ggf. Anhangsangabe gem. § 277 Abs. 3 Satz 1 HGB)
    - geringwertige Anlagegüter
- Wertaufholung gemäß § 253 Abs. 5 Satz 1 HGB

## Prüfung der Bilanzierung und Bewertung III

- Bewertung der Abgänge (RBW, ggf. Abschreibung im Abgangsjahr, Ertrag/Aufwand)
- Prüfung von Festwerten (§ 240 Abs. 3 HGB)
  - → Wechsel von der Einzelbewertung zum Festwert ist im Anhang anzugeben und zu begründen (ebenso Veränderungen).
  - → Erfüllung der gesetzlichen Anforderungen an die Bildung dieses Postens, insbesondere nachrangige Bedeutung
  - → körperliche Bestandsaufnahme alle 3 Jahre (dann grundsätzlich neuen Wert ansetzen)
  - → Aufwand zur Erhaltung und Ergänzung des festbewerteten Güterstands wird unmittelbar in der GuV erfasst.
- stillgelegte Anlagen (dienen nicht mehr dem Geschäftsbetrieb)
  - → Umgliederung in das Umlaufvermögen (strenges NWP)
  - → ggf. außerplanmäßige Abschreibung auf den niedrigeren beizulegenden Wert

## Prüfung der Bilanzierung und Bewertung IV

> Selbst erstellte immaterielle Vermögensgegenstände des Anlagevermögens
  - → Aktivierungswahlrecht für Entwicklungsaufwendungen, wenn diese von den Forschungsaufwendungen abgrenzbar sind (§ 255 Abs. 2a HGB)
  - → keine Aktivierung von Forschungskosten, § 255 Abs. 2a i.V.m. Abs. 2 und 3 HGB
  - → Abgrenzung von Forschung und Entwicklung
  - → gesonderter Ausweis im immateriellen Anlagevermögen
  - → Ausschüttungssperre für das bilanzierte Mehrvermögen gemäß § 268 Abs. 8 HGB (Gläubigerschutz)
  - → umfangreicher Ausnahmekatalog (Marken, Kundenlisten etc.)
  - → steuerlich: Ansatzverbot
  - → (passive) latente Steuern gemäß § 274 HGB

## Prüfung der Bilanzierung und Bewertung V

➢ Entgeltlich erworbener (derivativer) Geschäfts- o. Firmenwert § 246 Abs. 1 S. 4 HGB
  → Ansatzgebot
  → Ausweis als immaterieller Vermögensgegenstand und Behandlung als fiktiver abnutzbarer immaterieller Vermögensgegenstand des Anlagevermögens
  → Kann die voraussichtliche Nutzungsdauer nicht verlässlich geschätzt werden, sind planmäßige Abschreibungen über einen Zeitraum von 10 Jahren vorzunehmen (gem. § 253 Abs. 3 S. 4 mit Verweis auf S. 3 HGB).
  → Zuschreibungsverbot gemäß § 253 Abs. 5 Satz 2 HGB

### 8.5.2 Finanzlagen

**Prüfungsumfang:**
- Bilanz
  (Ausweis gem. § 266 Abs. 2 HGB, Bilanzierung/Bewertung)
- GuV
  (§ 275 Abs. 2 Nr. 9, 10, 11, 12 HGB)
- Anlagengitter
  (§ 284 Abs. 3 HGB)
- Anhang
  (§§ 284 Abs. 1 und 2, 285 Nr. 11, 11a, 11b, 14, 14a, 18, 19, 20 HGB)

**Besonderheiten:**
- Abgrenzung verbundene Unternehmen/Beteiligungen
- Auswirkungen von Beherrschungs- und Ergebnisabführungsverträgen
- Wertpapiere: verbriefte Ansprüche, keine Beteiligung, kein Anteil an einem verbundenen Unternehmen, langfristige Kapitalanlage NICHT: eigene Anteile!
- zu prüfende Unterlagen: Depotbescheinigungen (KI), Inventar, Kauf- und Verkaufsabrechnungen, Darlehensverträge usw.

## Prüfung der Bilanzierung und Bewertung I

- Ausweis der Gewinnansprüche unter Forderungen im Umlaufvermögen
- Erfassung der dazugehörigen Aufwendungen und Erträge (§ 275 Abs. 2 Nr. 4, 9 bis 13 HGB)
- Bewertung der Finanzanlagen:
  - ➔ Zugänge: Anschaffungskosten zuzüglich Nebenkosten;
    bei Gratisanteilen: Verteilung der Anschaffungskosten der alten Anteile auf die Gesamtheit
  - ➔ Abgänge: Restbuchwert, u.U. Durchschnittswert aller im Bestand befindlicher Wertpapiere (➔ GuV: Gewinne und Verluste ausweisen)

## Prüfung der Bilanzierung und Bewertung II

- nur außerplanmäßige Abschreibung bei voraussichtlich dauernder Wertminderung, keine abnutzbaren Vermögensgegenstände!
  - ⇨ auch bei voraussichtlich nicht dauernder Wertminderung, § 253 Abs. 3 S. 6 HGB
  - ⇨ auf den niedrigeren inneren Wert (Liquidations-/Ertrags-/Substanzwert, Börsenwert)
  - ⇨ Ausleihungen: Ermittlung des beizulegenden Werts wie bei Forderungen
  - ⇨ Abstimmung der Abschreibung mit Anlagengitter, GuV und Anhang (§ 277 Abs. 3 Satz 1 HGB)

- Bewertung von Beteiligungen nach IDW RS HFA 10
  - ⇨ Regel: Bewertung mit dem Zukunftserfolgswert
  - ⇨ Ausnahme: Bewertung mit Substanz-, Liquidations- oder Reproduktionswerten
  - ⇨ Ermittlung des Zukunftserfolgswertes als Barwert der künftigen Ergebnisse

## 8.5.3 Vorratsvermögen

**Prüfungsumfang:**
- Bilanz
  (Ausweis gem. § 266 Abs. 2 HGB, Bilanzierung/Bewertung)
- GuV
  (§ 275 Abs. 2 Nr. 1, 2, 4, 5, 7b, 8 HGB)
- Anhang
  (§ 284 Abs. 1 und 2 HGB)

**Besonderheiten:**
➢ Prüfung der Inventur (§ 240 HGB, IDW PS 301)

→ Zeitpunkt (Stichtag, permanent, vor-/nachgelagert)
→ Technik:
  - körperliche Bestandsaufnahme
  - Einholen v. Nachweisen/Belegen (Verwahrung durch Dritte)
  - Aufnahme bei Einlagerung (EDV-geführter Best.)
  - Stichproben (math.-statist. Methoden)
→ Gegenstand der Prüfung:
  - Planung und Inaugenscheinnahme der Durchführung (Richtlinien, Formulare, interne Kontrollen etc.)
  - Inventurbeobachtung
  - Nachweise (Protokolle, Aufnahmebelege)
  - Abgrenzung Güterbestand zu Forderungen

## 8.5 Ausgewählte Prüfgebiete und Prüfungsgegenstände in der Bilanz

### Prüfung der Bilanzierung und Bewertung I

- ➢ Ausweis-/Bestandsprüfung: Inventurbelege, Abstimmung der bewerteten Inventurbestände mit den jeweiligen Sachkonten
- ➢ Prüfung und Erfassung des GuV-Ausweises:
  - ➜ Beschaffung (Eingangsbeleg, nach Bilanzstichtag zugehende Rechnungen) und Verbrauch (GKV: Materialaufwand/UKV: Herstellungskosten)
  - ➜ Abgrenzung zu sonstigen betrieblichen Aufwendungen
  - ➜ Absatz: Umsatzerlöse (Lieferscheine, Versandanzeigen, Rechnungen für Abgänge u. Umsatzrealisierung (§ 277 Abs. 1 HGB), Korrekturen der Leistungsentgelte)
    nicht: Gelegenheitsgeschäfte, Versicherungsentschädigungen, Veräußerung von Anlagevermögen oder nicht mehr benötigte RHB, Kantine
  - ➜ Bestandsveränderung FE und UE (Minderung/Erhöhung = Aufwand/Ertrag),
    aber: Warenbestandserhöhung = erfolgsneutral
    Warenbestandsminderung = Materialaufwand

## Prüfung der Bilanzierung und Bewertung II

➤ Bewertung:
- ➔ Anschaffungskosten und Nebenkosten
- ➔ Herstellungskosten (Wahlrechte, Unterbeschäftigung, Leerkosten, Unterschiede Handels- und Steuerbilanz, Probleme der Kostenrechnung)
- ➔ Einzelbewertung
- ➔ Gruppenbewertung: § 240 Abs. 4 HGB (summarisch bzw. stufenweise ermittelter gew. Durchschnitt) bei gleichartigen Gütern, buchmäßig nachgewiesenen Zu- und Abgängen nach Menge und Art
- ➔ Verbrauchsfolge: § 256 Satz 1 HGB (LIFO, FIFO) stetige Anwendung des gewählten Verfahrens bei mehreren Gruppen gleichartiger Gegenstände, Verbrauchsfolge ist im Rahmen des Betriebsablaufs möglich
- ➔ Festwert: § 240 Abs. 3 Satz 1 HGB für Roh-, Hilfs- und Betriebsstoffe, dann kein strenges NWP, Abwertung nur bei dauernder Wertminderung
- ➔ Abschreibungen (niedriger Marktpreis (Beschaffung bei RHB, Absatz bei FE/UE/ Waren), niedrigerer beizulegender Wert wegen Gängigkeit, Lagerreichweite)

## Prüfung der Bilanzierung und Bewertung III

- Wertaufholung § 253 Abs. 5 Satz 1 HGB
- retrograde Bewertung (vom Verkaufspreis ausgehend)
- drohende Verluste aus dem Güter- und Leistungsverkehr (=> Rückstellung)
  - ⇨ Prüfung über Einkaufsbelege, Kalkulationsunterlagen, Verträge etc.
  - ⇨ Vorrang von Abschreibungen vor Drohverlustrückstellungen, IDW RS HFA 4
- Besonderheiten der langfristigen Auftragsfertigung (Aktivierung der Herstellungskosten, Teilabrechnung und Teilgewinnrealisierung, ggf. Rückstellung, gesonderte Anhangangabe)
- Anzahlungen auf Bestellungen
- Anhangangaben
  → § 284 Abs. 1 und 2 HGB

## 8.5.4 Forderungen und sonstige Vermögensgegenstände

**Prüfungsumfang:**

- Bilanz
  (§ 266 Abs. 2 HGB, § 268 Abs. 4 HGB, ggf. § 272 Abs. 1 Satz 2 HGB u. § 42 Abs. 2 Satz 2 GmbHG,
  Bilanzierung und Bewertung)
- GuV
  (§ 275 Abs. 2 Nr. 1, 4, 8, 12 HGB)
- Anhang (§§ 284 Abs. 1 und 2 sowie 285 Nr. 9c, 25 HGB)

**Definition:**

Ansprüche aus gegenseitigen Verträgen, die vom bilanzierenden Unternehmen z.B. durch Lieferung/Leistung bereits erfüllt sind, deren Erfüllung durch den Schuldner aber noch aussteht

**Besonderheiten:**

➢ Abgrenzung Forderungen im Umlaufvermögen zu Ausleihungen im Anlagevermögen (Kriterien: Laufzeit, Zins- und Tilgungszahlungen)

➢ Abgrenzung der Sonstigen Vermögensgegenstände und RAP (zeitliche Abgrenzung)

## Prüfung der Bilanzierung und Bewertung I

- Prüfung des Ausweises:
  - → Kontenplan, Kontierungsrichtlinie
  - → Umsatz- und Ertragsrealisierung/Übergang des wirtschaftlichen Eigentums
  - → Abstimmung Inventar/Buchungsbelege, Lieferpapiere/Sachkonto bzw. Saldenliste (kreditorische Debitoren)/Hauptbuchkonto
  - → Cut-off Prüfung (s. Prüfung der Vorräte)
  - → Saldenbestätigungen; alternative Prüfungshandlungen (z.B. Ausbuchung der Forderung bei Zahlungseingang nach dem Bilanzstichtag) – IDW PS 302
  - → Altersstruktur der Forderungen
  - → sonstige betriebliche Aufwendungen (Wertberichtigungen, Forderungsausfälle)
  - → sonstige betriebliche Erträge (Zuschreibung, Herabsetzung der PWB)
  - → sonstige Zinsen und ähnliche Erträge
- Anhangangaben

## Prüfung der Bilanzierung und Bewertung II

➢ Prüfung der Bewertung (§ 253 HGB)
  ➔ Skonti, Rabatte, Preisnachlässe mindern Forderungsbetrag
  ➔ Unternehmen erstellt Liste mit Anlass und Begründung bezüglich der Einzelwertberichtigung v. Forderungen (Ausbuchung uneinbringlicher Forderungen, Ansatz zweifelhafter Forderungen mit wahrscheinlich eingehendem Betrag, § 240 Abs. 4 HGB: pauschaler Abschlag auf einheitliche Gruppe von Forderungen ⇨ Prüfung der Plausibilität).
  ➔ Pauschalwertberichtigung (nicht auf einzelwertberichtigte Forderungen)
  ➔ Abzinsung langfristiger Forderungen (Abgleich mit Marktzinssatz)
  ➔ § 256a HGB (§ 277 Abs. 5 S. 2 HGB) – Währungsumrechnung/Ausnahme vom Realisationsprinzip/Anschaffungskostenprinzip
  ➔ Währungsumrechnung (Buchungszeitpunkt vs. Bilanzstichtag)
➢ Wertaufholung gemäß § 253 Abs. 5 Satz 1 HGB

## 8.5.5 Eigenkapital

**Prüfungsumfang:**

Bilanz (§ 266 Abs. 2 HGB):
- Grundkapital (§ 152 Abs. 1 AktG)/Stammkapital (§ 42 Abs. 1 GmbHG)
- Rücklagen (§§ 58, 152 Abs. 2, 3, 150, 256 Abs. 1 Nr. 4 AktG)
- Gewinn-/Verlustvortrag (§ 272 HGB), Ergebnisverwendung (§ 270 HGB, § 158 Abs. 1 AktG, § 29 GmbHG), JÜ (§ 58 AktG)
- Verbot der Einlagenrückgewähr (§ 57 Abs. 1 AktG, § 30 Abs. 1 GmbHG), ggf. § 92 AktG, §§ 49 Abs. 3, 64 Abs. 1 GmbHG

Anhang
(z.B. § 160 Abs. 1 Nr. 3 AktG)

**Besonderheiten:**

➢ Prüfungsunterlagen:
  ➔ Satzung/Gesellschaftsvertrag
  ➔ Vorjahresschlussbilanz
  ➔ Protokolle der Versammlungen (Vorstand, Aufsichtsrat, Gesellschafter)
  ➔ Handelsregisterauszug
  ➔ Kontoauszüge, Zahlungsbelege (Bareinlage)
  ➔ Übertragungsdokumente (Sacheinlage)

➢ Ausstehende Einlagen, § 272 Abs. 1 HGB (eingefordert/nicht eingefordert)

## 8. Durchführung der Jahresabschlussprüfung von Kapitalgesellschaften

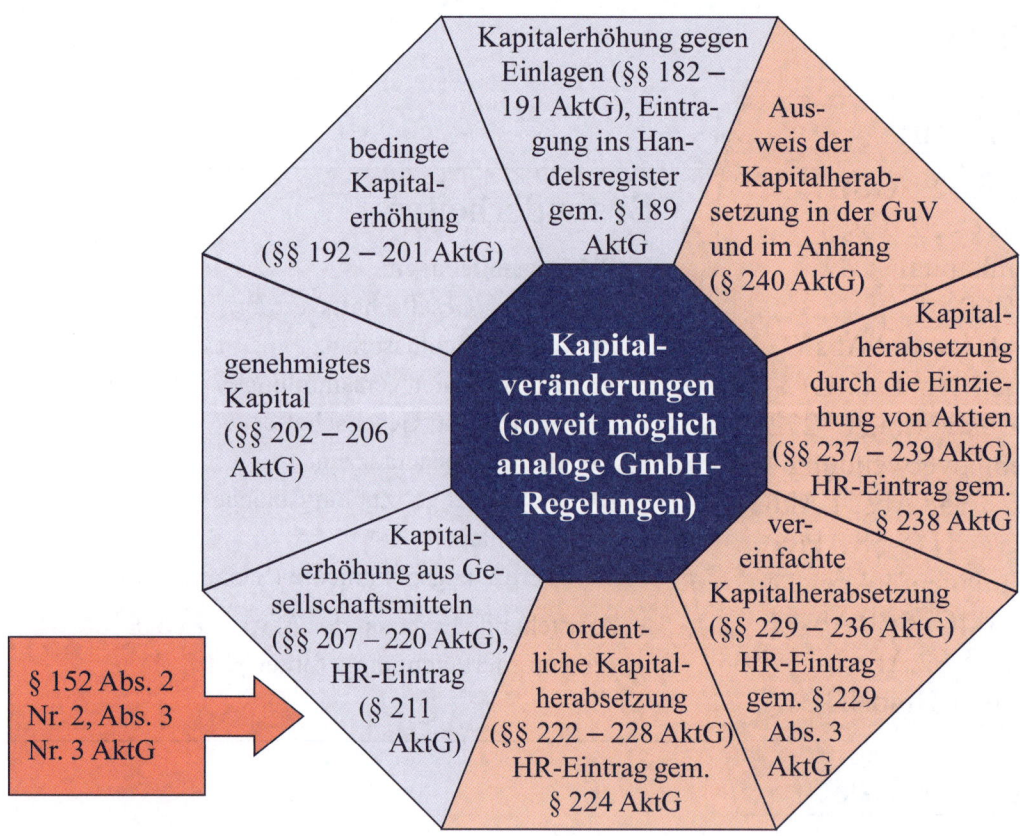

### 8.5.6 Rückstellungen

**Prüfungsumfang:**
- Bilanz
  (Ausweis gem. § 266 Abs. 3 HGB, Bilanzierung der Bestände, Entwicklungen, Bewertung)
- GuV
  § 275 Abs. 2 Nr. 4 HGB und Aufwandsposten
  (z.B. Steueraufwand, Personalaufwand, sonstiger Aufwand)
- Anhang
  (z.B. §§ 284 Abs. 1 und 2, 285 Nr. 9b, 12 HGB)

**Besonderheiten:**
- Abgrenzung der Rückstellungen gem. § 249 HGB als ungewisse Verpflichtung, die bereits vor dem Bilanzstichtag wirtschaftlich verursacht sind (Fälligkeit und/oder Höhe ungewiss, Inanspruchnahme wahrscheinlich)
- Drohverlustrückstellungen und deren Abgrenzung, Auswirkung auf latente Steuern
- Zulässigkeit des Ansatzes (tatsächliche, rechtliche Begründung)
- Vollständigkeit (Checkliste)
- Rückstellungsspiegel (Bestand, Neubildung, Verbrauch und Auflösung/Wegfall)

## 8. Durchführung der Jahresabschlussprüfung von Kapitalgesellschaften

### Pensionsrückstellungen

Leistungen des Arbeitgebers

**Prüfung:**
Verträge, Personalakten, Input-Test beim versicherungsmathematischen Gutachten

### Steuerrückstellungen

bereits verursachter Steueraufwand (KSt, GewSt)

vor Veranlagung (Steuerbescheid führt zu Verbindlichkeit)

**Prüfung:**
Verifizierung der zugrunde gelegten Bemessungsgrundlagen, Berechnung nachvollziehen

### Sonstige Rückstellungen

Aufnahme der Risiken aus anderen Prüffeldern und der IKS-Prüfung,

z.B. Prozesskosten (Rechtsanwaltsbestätigungen, Akten), Urlaub/Überstunden (Verträge), § 89b HGB, Provisionen, ausstehende Eingangsrechnungen, Boni, Rabatte, Jahresabschlusskosten, Steuerberatung, Umweltschutz (Gesetze, Verwaltungsbescheide), drohende Verluste, Instandhaltung (nur eingeschränkt möglich), Gewährleistung

**Prüfung:**
interne Unterlagen, Bestätigungen Dritter, Berechnungen u. Schätzungen nachvollziehen

## Prüfung der Bilanzierung und Bewertung I

Bewertung gem. § 253 Abs. 1 Satz 2 HGB:

→ vernünftige kaufmännische Beurteilung (ggf. geringerer Betrag als die max. mögliche Verpflichtung)/Erfüllungsbetrag
→ wertbestimmende Faktoren, wenn Betrag ungewiss (z.B. Garantie)
→ Berücksichtigung von Wahrscheinlichkeiten bei gleichartigen Verpflichtungen
→ Berechnungsgrundlagen der Pensionsrückstellung (zu erbringende Leistungen Lebensdaten, Fluktuation, Erlebenswahrscheinlichkeit, Zinssatz, künftige Lohn- und Gehaltssteigerungen)
→ Steuerrückstellung: Bemessungsgrundlage, Steuertarif, Vorauszahlungen, Nachzahlungen aus Betriebsprüfung
→ Bewertung von drohenden Verlusten (Verpflichtungsüberschuss) und Sachleistungsverpflichtungen (Bemessung der Herstellungskosten)
→ Zeit-/leistungsproportionale Verteilung (z.B. Rekultivierung einer Kiesgrube)
→ Abzinsung § 253 Abs. 2 HGB

## Prüfung der Bilanzierung und Bewertung II

- GuV Ausweis:
  - keine direkte Verrechnung von Aufwand und Rückstellung – die Buchung der Inanspruchnahme erfolgt über das Aufwandskonto (z.B.: laufende Pensionszahlungen werden als Aufwand, die Rückstellungsauflösung als Aufwandsminderung erfasst),
  - nicht benötigte Rückstellungen sind aufzulösen und führen zu sonstigen betrieblichen Erträgen – keine Verrechnung mit den Aufwandposten, die der Rückstellungsbildung zugrunde lagen.
- Anhangangaben:
  - § 284 Abs. 1 und 2 HGB
  - Art. 28 Abs. 2 EGHGB
  - § 285 Nr. 9b, 12 HGB

## Prüfung der Bilanzierung und Bewertung III

- Nur Bildung von Aufwandrückstellungen <u>für unterlassene Instandhaltungen</u>, die innerhalb von drei Monaten im folgenden Geschäftsjahr nachgeholt werden, und <u>für Abraumbeseitigung</u>

- Rückstellungen sind mit ihrem Erfüllungsbetrag anzusetzen, § 253 Abs. 1 S. 2 HGB, künftige Preis- und Kostensteigerungen sind bei der Rückstellungsbewertung zu berücksichtigen.

- Rückstellungen mit einer Laufzeit von mehr als 1 Jahr sind abzuzinsen (§ 253 Abs. 2 S. 1 HGB).

- Restlaufzeitentsprechender durchschnittlicher (von der Deutschen Bundesbank bekannt gegebener) Marktzinssatz der vergangenen 7 Geschäftsjahre (§ 253 Abs. 2 S. 5 HGB)

- Soweit die Berücksichtigung künftiger Kosten- und Preissteigerungen und die Abzinsung für die Rückstellungsbewertung keine wesentliche Bedeutung haben, kann davon abgesehen werden.

- (Aktive) latente Steuern gemäß § 274 HGB

## Prüfung der Bilanzierung und Bewertung IV

**Pensionsrückstellungen**

➢ Pflicht für unmittelbare Neuzusagen, Wahlrecht gemäß Art. 28 Abs. 1 EGHGB

➢ Bei der Bewertung von Pensionsrückstellungen zum „Erfüllungsbetrag" sind zu berücksichtigen:
 – wahrscheinliche Erhöhungen von Renten und Gehältern,
 – Abzinsung zu dem von der Bundesbank veröffentlichten Marktzins (§ 253 Abs. 2 S. 4).
    ➔ Dadurch scheidet eine Übernahme der Pensionsrückstellung nach
    § 6a EStG (Teilwertverfahren) in die Handelsbilanz aus.

➢ Pensionsrückstellungen dürfen pauschal mit dem durchschnittlichen Marktzinssatz abgezinst werden, der sich bei einer angenommenen Laufzeit von 15 Jahren ergibt (§ 253 Abs. 2 Satz 2 HGB).

➢ GuV: Spätere Aufzinsung = Zinsaufwand (§ 277 Abs. 5 Satz 1 HGB)
➢ steuerlich Teilwertverfahren gemäß § 6a EStG
➢ (aktive) latente Steuern gemäß § 274 HGB

## 8.6 Prüfung der Gewinn- und Verlustrechnung

**Darstellungsform**
§ 275 Abs. 2 bzw. Abs. 3 HGB
Umsatzkosten- oder Gesamtkostenverfahren

**Inhaltsprüfung der einzelnen Posten**
→ Posten, die nicht i.R.d. Bilanzprüfung beurteilt werden können (z.B. Personalaufwand)
→ Posten, die i.R.d. Bilanzprüfung nicht abschließend beurteilt werden können (z.B. sonstiger betrieblicher Ertrag/Aufwand, außerordentlicher Ertrag/Aufwand)
→ Posten gem. § 277 Abs. 3 Satz 2 HGB
→ zusammengefasste Posten gem. § 265 Abs. 7 HGB
→ Leerposten nicht aufgeführt (aber Vorjahresvergleich beachten)

**Anhangsangaben**
z.B. § 265 Abs. 1, 2, 4, 7 und ggf. § 285 Nr. 4, 8a und b HGB

## 8.7 Prüfung des Anhangs

**Funktionen des Anhangs** (unter Beachtung der GoB):
→ Vermittlung von Informationen über die Vermögens-, Finanz- und Ertragslage der Kapitalgesellschaft
→ Vermittlung von Informationen ohne unmittelbaren Zusammenhang mit Bilanz und GuV
→ Entlastung von Bilanz und GuV
→ Korrekturfunktion

**Anforderungen an den Prüfer**:
→ Kenntnis der Prüfungsergebnisse bezüglich Bilanz und GuV, um notwendige Pflichtangaben im Anhang identifizieren zu können
→ Kenntnis der handelsrechtlichen Normierung in §§ 284 ff. HGB
↳ keine eigenständige Teilprüfung, sondern im Rahmen der Jahresabschlussprüfung durchzuführen!
→ Anhangscheckliste

## 8.7 Prüfung des Anhangs

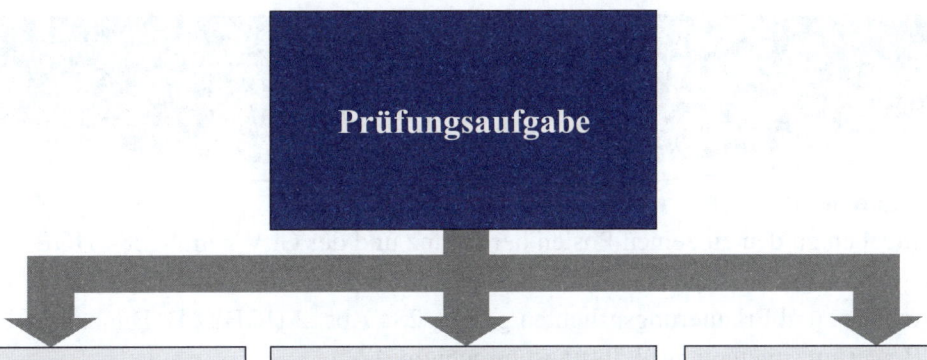

**Prüfungsaufgabe**

- ob der Anhang sämtliche notwendigen Angaben enthält (Vollständigkeit) – unter Berücksichtigung der eingeschränkten Angabepflichten für kleine u. mittelgroße Kapitalgesellschaften (§ 288 HGB)

- ob die im Anhang enthaltenen Angaben gerechtfertigt und inhaltlich ordnungsgemäß sind (Prüfung der Begründetheit und Richtigkeit)

- ob der Anhang so gestaltet ist, dass er seine Informationsfunktion erfüllt (Prüfung der Klarheit und Übersichtlichkeit)

### Vollständigkeitsprüfung

➢ **Pflichtangaben**
  → die Angaben zu den einzelnen Posten der Bilanz und der GuV gem. § 284 HGB (z.B. § 265 Abs. 2 – 4 und 7)
  → die Angabe- und Erläuterungspflichten gem. § 284 Abs. 2 HGB (z.B. Bilanzierungs- und Bewertungsmethoden, Währungsumrechnung)
  → die sonstigen Pflichtangaben gem. § 285 HGB (z.B. zu Verbindlichkeiten, Arbeitnehmeranzahl, Aufgliederung der Umsatzerlöse und der sonstigen Rückstellungen)
  → die rechtsformspezifischen Angaben, z.B.:
    ↳ zum Bestand an eigenen Aktien gem. § 160 AktG
    ↳ zu Ausleihungen, Forderungen und Verbindlichkeiten gegenüber Gesellschaftern gem. § 42 Abs. 3 GmbHG

➢ **bedingte Pflichtangaben**
  → Prüfung der zusätzlichen Angaben gem. § 264 Abs. 2 Satz 2 HGB (z.B. Konjunkturschwankungen, Gewinnverschiebungen aufgrund des Realisationsprinzips), wenn der Jahresabschluss kein den tatsächl. Verhältnissen entsprechendes Bild vermittelt.

## 8.7 Prüfung des Anhangs

| Prüfung der allgemeinen Schutzklausel | Prüfung der Begründetheit und Richtigkeit | Prüfung der Klarheit und Übersichtlichkeit |
|---|---|---|
| Falls das Unternehmen Pflichtangaben gem. § 286 HGB unterlässt, sind Gründe und Ausmaß der Inanspruchnahme der jeweiligen Schutzklausel zu prüfen. | → Angaben beruhen auf den entsprechenden Sachverhalten (keine Ableitung aus vergleichbaren Sachverhalten)<br>→ Angaben entsprechen den tatsächlichen Verhältnissen<br>→ auch die freiwilligen Angaben sind diesbezüglich zu prüfen | → Inhalt der einzelnen Angaben (auch der freiwilligen)<br>→ äußere Form des Anhangs (Struktur, roter Faden)<br>→ Einhaltung des Grundsatzes der formellen Stetigkeit gem. § 265 Abs. 1 HGB |

## 8.8 Prüfung des Lageberichts

**Funktionen des Lageberichts (IDW PS 350/DRS 20):**
Der Lagebericht soll zusammen mit dem Jahresabschluss die gesamte wirtschaftliche Lage des Unternehmens in jedem Jahr verdeutlichen und hat daher eine:
➔ Informationsfunktion,
➔ Rechenschaftsfunktion und
➔ dient als Ergänzung des Jahresabschlusses.

Der Lagebericht enthält aber neben betriebswirtschaftlichen ggf. auch technische, rechtliche, politische und volkswirtschaftliche Ausführungen.

**Anforderungen an den Prüfer:**

➔ Sämtliche im Rahmen einer Abschlussprüfung erfassten Informationen werden als Grundlage für die Prüfung des Lageberichts benötigt.

➔ Schon zu Beginn der Abschlussprüfung nimmt der verantwortliche Prüfer eine vorläufige Beurteilung der Lage des Unternehmens vor,
  ↳ um Prüfungsrisiken zu identifizieren und
  ↳ das Prüfungsvorgehen zu bestimmen.

➔ Kenntnis der handelsrechtlichen Normierungen des Lageberichts

## 8.8 Prüfung des Lageberichts

**Prüfungsaufgabe (§§ 317, 321, 322 HGB, IDW PS 350)**

- ob der Lagebericht alle gesetzlich normierten Pflichtangaben enthält (Vollständigkeit)
  - § 289 HGB
  - IDW PS 350, DRS 5, 15 enthalten Bsp. dafür, was der Prüfer verlangen kann.

- der Lagebericht hat zu vermitteln bzw. einzugehen auf:
  → den Geschäftsverlauf der Kapitalgesellschaft,
  → die Lage der Kapitalgesellschaft,
  → die Chancen und Risiken der künftigen Entwicklung (Risiko- u. Prognosebericht)

- Der Lagebericht soll z. B. eingehen auf:
  → die voraussichtliche Entwicklung der Gesellschaft,
  → Angaben zum Risikomanagement
  → die FuE-Aktivitäten,
  → die bestehenden Zweigniederlassungen.
  Evtl. Pflicht zur nichtfinanziellen Erklärung nach § 289b HGB.

| **Richtigkeit** | ob der Lagebericht mit dem Jahresabschluss sowie mit den bei der Prüfung gewonnenen Erkenntnissen der Prüfer (den tatsächlichen Verhältnissen) in **Einklang** steht und ob die Risiken der zukünftigen Entwicklung zutreffend dargestellt sind (§ 317 Abs. 2 Satz 1 HGB) |
|---|---|
| **Klarheit und Übersichtlichkeit** | ob der Lagebericht insgesamt eine zutreffende Vorstellung von der Lage des Unternehmens vermittelt (§ 322 Abs. 6 HGB) |
| **Vollständigkeit** | ob der Lagebericht den gesetzlichen sowie den ergänzenden gesellschaftsvertraglichen bzw. satzungsmäßigen Vorschriften entspricht (§ 321 Abs. 2 Satz 1 HGB), u.a.: Pflichtangaben, Schlusserklärung des Vorstands aus dem Abhängigkeitsbericht (§ 312 Abs. 3 AktG) |

# 9. Berichterstattung über die Jahresabschlussprüfung von Kapitalgesellschaften
## 9.1 Prüfungsbericht

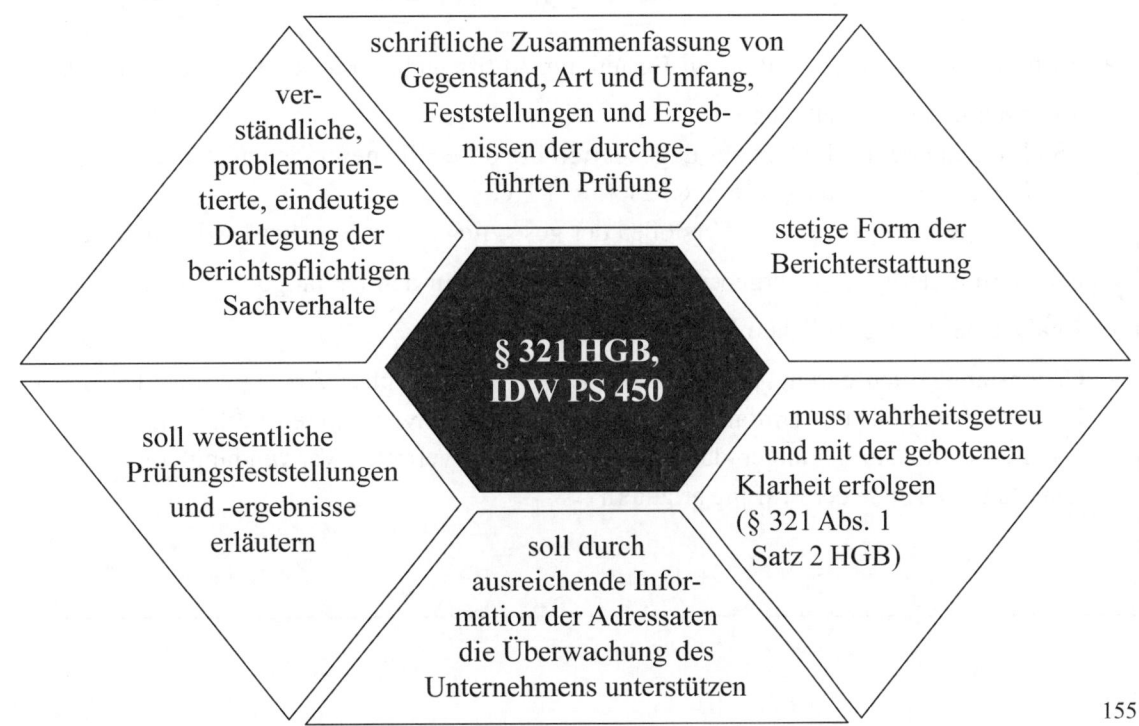

## 9. Berichterstattung über die Jahresabschlussprüfung von Kapitalgesellschaften

### Inhalt I

- Prüfungsauftrag (u.a. Angaben zur Bestellung, Auftraggeber, Firma, Abschlussstichtag)
- grundsätzliche Feststellungen
  - Stellungnahme des Prüfers zur Lagebeurteilung durch die gesetzlichen Vertreter
  - zu Bestandsgefährdungen gem. § 321 Abs. 1 HGB
  - zu Unregelmäßigkeiten und Verstößen der gesetzlichen Vertreter bzw. Arbeitnehmer
- Erläuterung der ggf. sich ergebenden Konsequenzen für den Bestätigungsvermerk
- Analyse der wirtschaftlichen Verhältnisse
- Gegenstand (Buchführung, JA, Lagebericht, § 91 Abs. 2 AktG), Art (§§ 316 ff. HGB, IDW PS bzw. ISA) und Umfang (Prüfungsstrategie, -schwerpunkte, -verfahren, Nachweise und Aufklärungen durch die gesetzlichen Vertreter, Verwendung von Unterlagen Dritter) der Prüfung erläutern

## 9.1 Prüfungsbericht

### Inhalt II

- Feststellungen und Erläuterungen zur Rechnungslegung (u.a. Gesetzes- und ggf. GoB-Konformität der Buchführung, des JA, des Lageberichts und der zusätzlichen Unterlagen; wesentliche Posten des JA aufgliedern und z.B. bezüglich Ansatzwahlrechten oder Bewertungsmethoden erläutern, wenn dies nicht im Anhang geschieht; Erläuterung sachverhaltsgestaltender Maßnahmen, z.B. Sale-and-lease-back; Gesamtaussage gem. § 264 Abs. 2 Satz 1 HGB; § 317 Abs. 1 Satz 3 HGB):
  - Ordnungsmäßigkeit der Rechnungslegung
  - Gesamtaussage des Jahresabschlusses
- Feststellungen aus der Prüfung des Risikofrüherkennungssystems gem. § 317 Abs. 4 HGB (<u>keine</u> Verbesserungsvorschläge)
- Feststellungen aus Erweiterungen des Prüfungsauftrags
- Bestätigungsvermerk (Ort, Datum, Name des WP)
- Unabhängigkeitsbestätigung des Prüfers gemäß § 321 Abs. 4a HGB
- Anlagen zum Prüfungsbericht (z.B. geprüfter JA, LB, Auftragsbedingungen)

## 9.2 Bestätigungsvermerk

**§ 322 HGB,**
**IDW PS 400, 401,**
**IDW PS 405, 406**
(mit Formulierungsvorschlägen)
**ISA 700, 701,**
**ISA 705, 706**

- Aufgabenbeschreibung des Abschlussprüfers
- Vermerk über die Vornahme u. das Ergebnis der Jahresabschlussprüfung gem. §§ 316 ff. HGB
- Gesamturteil über das Ergebnis der Prüfung (Auffassung des Abschlussprüfers)
- Offenlegung nach § 325 Abs. 1 HGB

> bei abweichendem Prüfungsgegenstand oder geringerem Umfang nur Erteilung einer Bescheinigung!

## 9.2 Bestätigungsvermerk

**Inhalt, § 322 HGB – IDW PS 400 ff.
für Unternehmen von öffentlichem Interesse
(PIE, § 316a HGB) gilt EU-APrVO 537/2014**

➢ Überschrift, („Bestätigungsvermerk des unabhängigen Abschlussprüfers")

➢ Adressierung Angabe des Empfängers

➢ Prüfungsurteil zum Abschluss, ggfs. Zum Lagebericht (Modifizierung – IDW PS 405)

➢ Grundlage für das Prüfungsurteil zum JA (u.a. auch Unsicherheiten bzgl. Going-Concern, § 322 Abs. 2 S. 3 HGB, Hervorhebung eines Sachverhalts IDW PS 406)

➢ Prüfung erfolgt in Übereinstimmung mit den einschlägigen Berufspflichten
(v.a. Unabhängigkeit und Unparteilichkeit)

➢ **PIE**: Besonders wichtige Prüfungssachverhalte/Key Audit Matters, einschl. der beurteilten Risiken wesentlich falscher Darstellungen aufgrund von Betrug
(IDW PS 210; ISA (DE) 240)

**Inhalt, § 322 HGB – IDW PS 400 ff.
für Unternehmen von öffentlichem Interesse (PIE) gilt EU-AprVO 537/2014**

Fortsetzung:

➢ Sonstige Informationen (z.B. nichtfinanzielle Erklärung) – ISA (DE) 720 rev.

➢ Verantwortung für den Abschluss und den Lagebericht (gesetzl. Vertreter)

➢ Verantwortung des Abschlussprüfers

➢ **PIE**: Zusätzliche Angaben nach Art. 10 EU-APrVO 537/2014;
Name des verantwortlichen Wirtschaftsprüfers

➢ Ort der Niederlassung

➢ Datum, eigenständige Unterschrift, Siegel

## 10. Digitalisierung der Wirtschaftssprüfung

**Entwicklung bei den prüfungspflichtigen Unternehmen**:

Die Rahmenbedingungen für die Prüfung von Jahres- und Konzernabschlüssen haben sich insbesondere dadurch verändert, dass Unternehmen aus Effizienzgründen sich ständig wiederholende Vorgänge digitalisieren. Entsprechend kommt auch in den Finanzabteilungen in großem Umfang EDV zum Einsatz.

**So kommen z.B. zur Anwendung:**

→ Konkretisierung der GoB durch die GoBD,

→ komplexe Datenbanksysteme (z.B. SAP, Oracle),

→ digitale Warenwirtschaftssysteme (z.B. Navision),

→ Digitalisierung von Belegen,

→ direkter Datenaustausch mit Kunden und Lieferanten,

→ Enterprise-Ressource-Planning (ERP) Systeme zwecks Vernetzung von Prozessen.

## Grundsätze zur ordnungsmäßigen Führung und Aufbewahrung von Büchern, Aufzeichnungen und Unterlagen in elektronischer Form sowie zum Datenzugriff (GoBD)

- Vgl. BMF v. 14. November 2014, BStBl I, 1450.
- Nur die Finanzverwaltung ist dadurch unmittelbar gebunden.
- **Stellen allerdings Grundsätze ordnungsmäßiger Buchführung (GoB) dar, soweit Konkretisierung handelsrechtlicher Regelungen (§§ 238, 239 HGB) erfolgt.**
- Formulierung von Anforderungen an DV-Systeme:
    - Beleg-, Journal- und Kontenfunktion
    - Internes Kontrollsystem (IKS)
    - Datensicherheit
    - Dokumentation, Unveränderbarkeit und Prüfbarkeit
    - Aufbewahrungsfristen
    - Wiedergabe der auf Datenträgern geführten Unterlagen, Nachvollziehbarkeit

## 10.1 Anforderungen und Herausforderungen

**Generelle Anforderungen an das Sicherheitskonzept eines EDV-Systems (IDW RS FAIT 1)**

- Vertraulichkeit: Keine Veröffentlichung oder Weitergabe von Daten Dritter.
- Integrität: Daten, Infrastruktur und Anwendung stehen uneingeschränkt zur Verfügung und sind vor Manipulationen geschützt.
- Ständige Verfügbarkeit: Für Ausfälle von Infrastruktur, Anwendungen, Daten müssen Back--up-Verfahren bereitstehen und die Lesbarkeit der Buchführung möglich sein.
- Autorisierung: nur autorisierte Personen haben in klar definierten Grenzen Zugriff auf das System.
- Authentizität: eindeutige Zuordnung der Geschäftsvorfälle zum Verursacher.
- Verbindlichkeit: Transaktionen sind nicht abstreitbar und führen Rechtsfolgen bindend herbei.

Die Datenbanken müssen zudem den geltenden Sicherheitsstandards entsprechen (IDW PS 330, z.B. ISO/IEC 27001).

# 10. Digitalisierung der Wirtschaftsprüfung

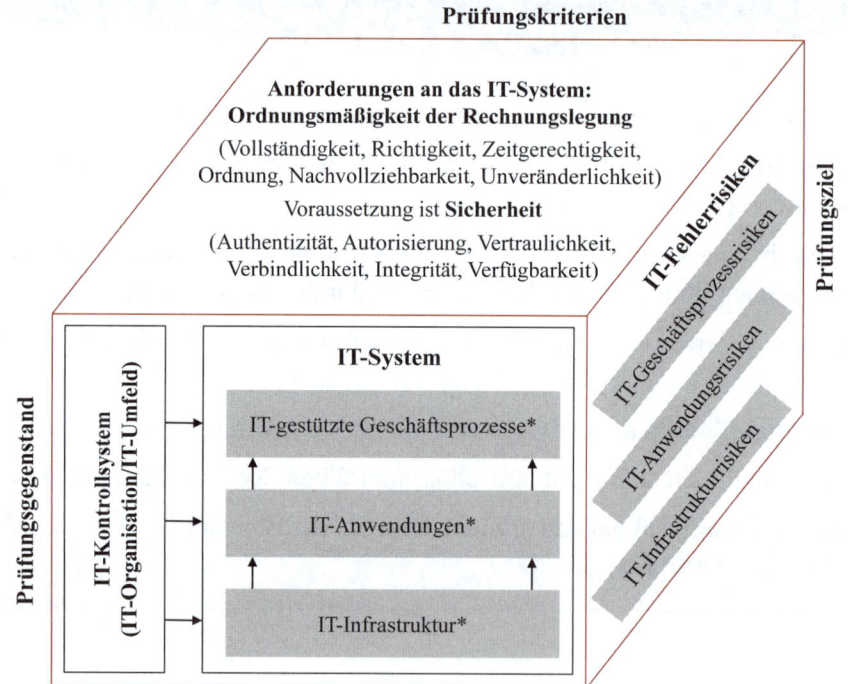

* soweit rechnungsrelevant

Quelle: IDW PS 330, Tz. 8

## Herausforderungen für den Wirtschaftsprüfer

Die Digitalisierung der Unternehmen wirkt sich auf die Durchführung der Jahresabschlussprüfung u.a. wie folgt aus:

➢ Prüfungsansatz und Prüfungstechniken sind auf die Digitalisierung der Finanzabteilung und die Automatisierung der Geschäftsprozesse auszurichten

➢ die Komplexität der Prüfung nimmt zu

➢ die Möglichkeiten zu verdeckten Manipulationen des Jahresabschlusses mehren sich

➢ die Prüfung der Qualität und der Integrität des Managements gewinnt stetig an Bedeutung (z.B. Enron, Flowtex, Wirecard)

## Neue rechtliche, berufsständische Anforderungen

- Datenschutz und Datensicherheit gewährleisten
- Ordnungsmäßigkeit und Sicherheit des IT-Systems des Mandanten sowie die dort ablaufenden digitalisierten Prozesse prüfen
- Prüfungshandlungen mit CAAT (Computer-Assisted Audit Tools) automatisieren und papierlos dokumentieren (Cloud)
- mittels EDV-Einsatz die Quantität der Prüfungsnachweise vergrößern und deren Qualität verbessern
- Daten strukturiert aus dem ERP-System oder den Datenbanken des Mandanten (Data Mining) abziehen
- spezielle Programme zur Analyse dieser Datenabzüge einsetzen (Journal Entry Testing)
- mit Mandanten digital kommunizieren (z.B. in virtuellen Räumen oder mittels Chatbots)

## 10.1 Anforderungen und Herausforderungen

### Neue rechtliche, berufsständische Anforderungen

➢ Künstliche Intelligenz wird eingebunden, um z.B.:
- Anomalien bei vorliegenden Buchungen zu ermitteln,
- Prozessschwächen aufzuspüren,
- Lücken im internen Kontrollsystem (einschließlich Unrichtigkeiten und Verstöße) zu identifizieren,
- Schätzungen und Prognosen des Managements mittels Simulation zu verifizieren.

Mit entsprechendem Einsatz von Prüfungssoftware und Rechnerkapazität bestehen heute bereits erhebliche Potenziale zur weiteren Digitalisierung aller Stufen des Prüfungsprozesses, was zu mehr Prüfungssicherheit führen kann.

## 10.2 Veränderungen in der Prüfungsdurchführung

**Veränderung der Prüfungsdurchführung**

- ➤ **Continuous Auditing:** dauerhafte Überwachung zwecks Identifikation von Risiken und Minimierung der permanenten Gefahr von Sicherheitsbrüchen
- ➤ **Echtzeitüberwachung** von rechnungslegungsrelevanten Prozessen durch standardisierte, automatisierte Prüfungshandlungen
- ➤ **Audit by Exception:** Prüfer installiert ein Prüfungssystem damit das Unternehmen für ihn komplett transparent wird. Er reagiert dann auf gemeldete Warnsignale und wird bei Auffälligkeiten aktiv.
- ➤ Gleichmäßige Verteilung des Prüfungsaufwands über das ganze Jahr, deshalb **keine busy season** mit großem Personalbedarf für 3 bis 4 Monate
- ➤ Klassische Vorprüfungen können entfallen
- ➤ Prüfungshandlungen für bestimmte Prüfungsgebiete bedürfen teilweise keiner Anwesenheit des Prüfers vor Ort

## Veränderung der Prüfungsdurchführung

Trotzdem keine absolute Prüfungssicherheit, weil das Fehlerrisiko und das Entdeckungsrisiko nach wie vor bestehen und durch die Digitalisierung spezifische Risiken neu entstehen.

So ist auch weiterhin darauf zu achten, inwieweit:

➢ Mitarbeiter unsystematisch fehlerhaft arbeiten oder

➢ mit krimineller Energie Prozesse, Kontrollen und Systeme umgangen, missbraucht oder manipuliert werden.

## 10. Digitalisierung der Wirtschaftsprüfung

Die Digitalisierung führt zu neuen Dienstleistungen, die von Wirtschaftsprüfern erbracht werden können. So lassen sich neben der für die digitale Jahresabschlussprüfung notwendigen IT-Systemprüfung noch weitere Leistungen erbringen.

Dabei kann sich allerdings das grundsätzliche Problem ergeben, dass ein Konflikt im Hinblick auf die Unabhängigkeit des Wirtschaftsprüfer entsteht
(v.a. Selbstprüfungsverbot, §§ 319 ff. HGB).

**Weitere Leistungen sind z.B.:**

➔ Projektbegleitende Prüfungen bei der Einführung von ERP Systemen (IDW PS 850),

➔ IT Prüfungen (IDW PS 860),

➔ Ausstellung von Softwarebescheinigungen (IDW PS 880),

➔ Analysen der IT Infrastruktur,

➔ Prüfung von Dienstleistern bei Outsourcing und Cloud Storage (IDW PS 951) und

➔ IT Due Dilligence.

# Musterklausuren

von
Prof. Dr. Martin Erhardt,
Prof. Dr. Markus Häfele und
Prof. Dr. Thomas Stobbe

## Musterklausur 1

Sie sind für das Geschäftsjahr Abschlussprüfer der mittelgroßen Flachstahl AG, Duisburg, die im operativen Geschäft seit Jahren Verluste erwirtschaftet. Diese Verluste werden durch Beteiligungsgewinne ausgeglichen. Ihnen ist aufgrund Ihrer einschlägigen Branchenkenntnisse bekannt, dass sich die Ertragslage für Flachstahl jeglicher Art nicht verbessert hat. Zudem wissen Sie, dass ein Bauunternehmen, an dem die Flachstahl AG beteiligt ist, aufgrund betrügerischer Handlungen der Geschäftsleitung in Zahlungsschwierigkeiten gekommen ist. Ein Textilunternehmen, an dem die Flachstahl AG ebenfalls beteiligt ist, leidet unter der zunehmenden Konkurrenz, die mittlerweile in der Form eines Preiskriegs ausgetragen wird. Bei den Vorgesprächen mit dem Vorstand wurde Ihnen mitgeteilt, dass bei der Produktion von Flachstahl Qualitätsprobleme aufgetreten sind. Einzelne Kunden haben bereits größere Rollen Flachstahl zurückgegeben. Zudem wurde das vor zwei Jahren fertig gestellte und im selben Jahr noch bezogene repräsentative 20-geschossige Verwaltungsgebäude in der City von Duisburg im Rahmen eines Sale-and-lease-back-Geschäfts verkauft.

1. Nennen und erläutern Sie die Risiken des Wirtschaftsprüfers.
2. Erläutern Sie für die Flachstahl AG Ihre Prüfungsplanung.
3. Erläutern Sie bezogen auf den obigen Sachverhalt Prüfungshandlungen bezüglich der Sachanlagen, Forderungen und Rückstellungen.

## Musterklausur 2

Sie sind für das Geschäftsjahr 20X1 zum 1. Mal zum Abschlussprüfer der mittelgroßen Cybertronic GmbH, Heilbronn, bestellt worden. Die Cybertronic GmbH wurde vor 4 Jahren gegründet und hat in diesem Geschäftsjahr im operativen Geschäft (Produktion von Chipkarten, z.B. EC-Karten, Versichertenkarten) die Gewinnschwelle erstmals überschritten. Der Geschäftsbetrieb ist geprägt von rasantem Wachstum. Dieses Wachstum schlägt sich allerdings überproportional im Personalaufwand nieder. Ihnen ist aus der Presse bekannt, dass der Markt für Chipkarten jeglicher Art bis 20X5 voraussichtlich um 25% p.a. wächst.

Die Geschäftsleitung hat Ihnen bereits vor der Auftragsannahme neben den Jahresabschlüssen aus den Vorjahren und der kurz-, mittel- und langfristigen Unternehmensplanung auch die umfassenden Kontrollmaßnahmen erläutert, mit denen eine separate Stabstelle den gesamten Geschäftsbetrieb überwacht. Zudem erfahren Sie aus der Presse, dass bereits mehrere Kreditinstitute Ansprüche aus Sachmängelgewährleistung angemeldet haben, da die gelieferten EC-Karten nicht einwandfrei funktionieren und unerlaubte Kontenabhebungen aufgrund mangelnder Sicherung erfolgt sind.

Führen Sie auf der Basis dieses Sachverhalts die risikoorientierte Prüfungsplanung durch und erläutern Sie Ihr Vorgehen.

## Musterklausur 3

Sie wurden für die Prüfung eines neuen Mandats bestellt (Jahresabschlussprüfung einer großen GmbH aus der Maschinenbau Branche). Aus den Vorbesprechungen ist Ihnen bekannt, dass sich diese GmbH in einer wirtschaftlich schwierigen Lage befindet. Die GmbH musste aufgrund technischer Entwicklungen am Markt einen Umsatzeinbruch in Höhe von 30% hinnehmen.

Ferner wurde Ihnen mitgeteilt, dass es im Vorjahr bei der Prüfung der Vorräte Abgrenzungsprobleme mit den Verbindlichkeiten aus Lieferungen und Leistungen gab. Die Herstellungskosten werden bei der GmbH aus der Kostenrechnung abgeleitet. In der Gewinn- und Verlustrechnung kommt das Gesamtkostenverfahren zur Anwendung.

1. Welche Auswirkungen haben die gegebenen Informationen auf Ihren risikoorientierten Prüfungsansatz?

2. Welche Prüfungshandlungen führen Sie unter Anwendung des risikoorientierten Prüfungsansatzes bei der Prüfung der ‚Vorräte' durch (inkl. vorbereitende Prüfungshandlungen, Abgrenzungsprüfungen, GuV und Anhang). Stellen Sie Ihre Vorgehensweise dar und begründen Sie sie.

## Musterklausur 4

Sie wurden für die Prüfung des Jahresabschlusses einer großen Kapitalgesellschaft in der Rechtsform einer AG bestellt, die eine Supermarktkette betreibt. Bei der Vorprüfung hat Ihnen das Management die insgesamt schwierige wirtschaftliche Lage des Einzelhandels und die schlechte Ertragslage der Kapitalgesellschaft erläutert. Gleichzeitig wurden Ihnen die internen Kontroll- und Überwachungsaufgaben der internen Revision und des Controllings aufgezeigt. Dabei ging Ihr Ansprechpartner auch auf die organisatorische Einbindung dieser Abteilungen ein.

1. Erläutern Sie unabhängig vom Sachverhalt die Elemente der betrieblichen Überwachung und grenzen Sie diese Elemente voneinander ab.
2. Erläutern Sie auf den Sachverhalt bezogen die risikoorientierte Prüfung des internen Überwachungssystems.
3. Erläutern Sie auf den Sachverhalt bezogen die Risiken des Abschlussprüfers bei der Prüfung der Fortführungsprämisse.

## Musterklausur 5

Für das Geschäftsjahr (Bilanzstichtag 30.6.) wurden Sie zum Abschlussprüfer der Brau AG bestellt. Der Braubetrieb erwirtschaftet seit Jahren Verluste, die allerdings bisher immer durch Gewinne aus der Immobilienverwaltung ausgeglichen werden konnten. Aufgrund Ihrer Branchenkenntnisse wissen Sie, dass sich die Ertragslage für Brauereiprodukte zukünftig nicht verbessern wird. Zudem sinken aufgrund eines Überangebots am Markt die Mieten, was sich direkt auf das Ergebnis der Brau AG auswirkt.

Bei den Vorgesprächen mit dem Vorstand wurde Ihnen mitgeteilt, dass bei der Abfüllung des Volksfestbieres Qualitätsprobleme aufgetreten sind, die in Extremsituationen gesundheitliche Beeinträchtigungen beim Endabnehmer hervorrufen können. Einige Großhändler haben deshalb bereits einige Paletten und Fässer zurückgegeben.

Erläutern Sie auf der Grundlage des risikoorientierten Prüfungsansatzes Ihre Prüfungsplanung und Prüfungshandlungen für die Prüfungsfelder Forderungen, Umsatzerlöse, sonstige Erträge und Rückstellungen. Berücksichtigen Sie dabei die einschlägigen Prüfungsstandards.
Gehen Sie bezogen auf die aus dem Sachverhalt resultierenden Konsequenzen auch auf die Prüfung des Lageberichts ein.

## Musterklausur 6

Sie sind Abschlussprüfer der Sayer-Werft AG (große AG, Umsatzkostenverfahren) in Emden. Die Sayer-Werft AG stellt für Reedereien Kreuzfahrtschiffe her. Normalerweise produziert sie durchschnittlich fünf Schiffe pro Jahr. Im Jahr 20X0 war ein Rückgang der Aufträge zu verzeichnen. Außerdem war festzustellen, dass der Auftraggeber eines fast fertig gestellten Schiffes im Herbst 20X0 in Insolvenz gegangen ist. Neben diesem Schiff konnten im Jahr 20X0 nur drei Schiffe hergestellt werden. Davon wurde ein Schiff einer Leasinggesellschaft verkauft und übergeben. Die anderen Schiffe sind noch nicht fertig gestellt. Aus den Vorbesprechungen ist Ihnen als Abschlussprüfer bekannt, dass die Bewertung der halbfertigen Schiffe auf der Basis der Kalkulationsunterlagen und teilweise auf der Basis von Verrechnungspreisen erfolgt. Aufgrund der Unterbeschäftigung sind 200 Mitarbeiter (10% der Beschäftigten) im Herbst 20X0 aufgrund eines Sozialplans entlassen worden. Die Sayer-Werft AG will aufgrund der noch unklaren und unbefriedigenden Auftragslage (Aufträge für drei große Schiffe im Jahr 20X1) keine Ausführungen zur zukünftigen Ertragslage im Lagebericht machen.

Erläutern Sie Ihre Prüfungshandlungen bei der Sayer-Werft AG unter Anwendung des risikoorientierten Prüfungsansatzes! Schwerpunkt der einzelnen Prüfungshandlungen soll nach Vorgabe des Prüfungsleiters der Ansatz und die Bewertung des Umlaufvermögens sein. Welche Auswirkungen kann die Lageberichtsprüfung im konkreten Fall auf den Prüfungsbericht und den Bestätigungsvermerk haben?

## Musterklausur 7

Sie sind Abschlussprüfer des (HGB-)Einzelabschlusses 20X0/20X1 (Stichtag 30.6.20X1) der Baukomplex GmbH (große GmbH, Gesamtkostenverfahren) in Pforzheim. Die Baukomplex GmbH ist im Straßenbau sowie beim Bau von Einfamilienhäusern tätig. Aufgrund der A8-Sanierung hat die Sparte Straßenbau ausreichende Aufträge. Allerdings dauert der Hauptauftrag für das Autobahnstück Pforzheim-Heimsheim über zwei Jahre. Zwar sind 50% des Auftrags abgearbeitet, jedoch ist die GmbH mit dem Fertigstellungsprozess mit 2 Monaten in Verzug. Die Bewertung der bisher fertig gestellten (noch nicht abgenommenen) Teile wird aus der Kalkulation anhand des Fertigstellungsgrades (mit anteiliger Gewinnrealisierung) abgeleitet. Im abgelaufenen Geschäftsjahr hat die GmbH ferner 10 Einfamilienhäuser fertig gestellt, von denen lediglich 5 verkauft und abgenommen wurden. Über 2 Einfamilienhäuser werden noch Verkaufsverhandlungen geführt, wobei mit Sonderrabatten von etwa 20% zu rechnen ist. 3 fertige Einfamilienhäuser wurden zunächst vermietet, wobei der Mieter Hauses aufgrund von Baumängeln schon außerplanmäßig zum 30.6.20X1 gekündigt hat. Fünf Einfamilienhäuser werden derzeit – ohne konkrete Aufträge – zur Auslastung des eigenen Personals und der Subunternehmer gebaut, wobei am Abschlussstichtag jeweils der Rohbau fertig war. Die Baukomplex GmbH weist im vorläufigen Planabschluss einen Jahresüberschuss von Null aus, wobei die Sparte Autobahnbau sehr positiv, die Sparte Einfamilienhäuser hingegen sehr negativ abschneidet.

Die GmbH will wegen der Ungewissheit zur zukünftigen Ertragslage keine Ausführungen im Lagebericht machen. Erläutern Sie Ihre Prüfungshandlungen bei der Baukomplex GmbH unter Anwendung des risikoorientierten Prüfungsansatzes! Schwerpunkt der einzelnen Prüfungshandlungen soll nach Vorgabe des Prüfungsleiters der Ansatz und die Bewertung der dargestellten unfertigen Aufträge sowie der fertig gestellten Einfamilienhäuser sein. Welche Auswirkungen kann die Lageberichtsprüfung im konkreten Fall auf den Prüfungsbericht und den Bestätigungsvermerk haben?

## Musterklausur 8 (1)

Seit einigen Jahren ist die Donau-AG in Regensburg ein erfolgreiches Unternehmen der Lebensmittelbranche von internationaler Bedeutung. Gegenstand des Unternehmens ist die Aufzucht, der Anbau und der Vertrieb von Bioobst und -gemüse aller Art. Derzeit werden rund 80 Arbeiter und 19 Angestellte (einschl. zwei Geschäftsführer) beschäftigt. 60% des Stammkapitals hält die niederländische Fresh Ltd., die im Bereich Anbau und Vertrieb von Schnittblumen tätig ist. Die Abläufe des Unternehmens sind bisher noch wenig geregelt. Kontrollen gibt es kaum, so dass es insbes. im Rechnungswesen keine große Zuverlässigkeit gibt. Einzige Stütze ist die EDV-Anlage, wenn sie nur richtig bedient wird. Sich wiederholende Sachverhalte laufen nicht nach einem bestimmten Schema ab, jeder macht das, wie er es für richtig hält. Im Rahmen der Inventurbeobachtung am 5. Januar 20X1 fiel auf, dass ein großer Teil der Bestände eines Lagers durch einen Wasserrohrbruch beschädigt und damit ungenießbar wurden. Die Partie hat einen Warenwert von ca. TEUR 90.

Aufgrund eines Distributionsfehlers konnte Obst und Gemüse an die Hotelkette Best Eastern überhaupt nicht oder nur mit minderer Qualität ausgeliefert werden. Die Hotelkette musste sich kurzfristig an andere Lieferanten wenden und die Ware zu deutlich überhöhten Preisen einkaufen. Die geschätzten Kosten betragen etwa TEUR 34, die die Hotelkette als Schadensersatz geltend macht. Zudem droht der Donau-AG eine Vertragsstrafe in Höhe von TEUR 24.

## Musterklausur 8 (2)

1. Diskutieren Sie die Notwendigkeit und den Gegenstand einer Inventurbeobachtung. Welche Konsequenzen ergeben sich aus dem Sachverhalt?

2. Schildern Sie die Konsequenzen der Ergebnisse der Systemprüfung des IKS für den weiteren Prüfungsablauf.

3. Diskutieren Sie allgemein die Prüfungshandlungen für das Prüffeld „Sonstige Rückstellungen" in Stichworten. Welche Konsequenzen ergeben sich aus dem Sachverhalt?

## Musterklausur 9

Im Rahmen der Abschlussprüfung 20X1 wurde festgestellt, dass der Bestand an Fertigerzeugnissen (Herzschrittmacher) der S-GmbH im Jahr 20X1 um EUR 86 Mio. überbewertet war, davon entfielen EUR 58 Mio. auf nicht vorhandene Herzschrittmacher. Beispielsweise wurden für ein Lager Vorräte i.H.v. EUR 532.000 ausgewiesen, obwohl das Lager nur eine Kapazität für einen Gegenwert von EUR 200.000 besaß.

Welche Arten von Unregelmäßigkeiten können im Allgemeinen im Rahmen der Abschlussprüfung auftreten (kurze Definition)? Welche Unrichtigkeit liegt im vorliegenden Fall vor und wie kann sich diese auf die Berichterstattung des Abschlussprüfers auswirken? Welche Einzelfallprüfungen sind im vorliegenden Fall zwingend notwendig?

Die Prüffix AG ist eine börsennotierte mittelgroße Kapitalgesellschaft. Der Vorstand der Prüffix AG erteilt der mittelgroßen Wirtschaftsprüfungsgesellschaft Schnell (Partnerschaft aus fünf Wirtschaftsprüfern) den Auftrag zur Prüfung des Jahresabschlusses und des Lageberichts, da sie bereits seit elf Jahren die Abschlussprüfung der Prüffix AG durchgeführt. Neben der Wirtschaftsprüfung ist WP/StB Schnell mit der Anfertigung der jährlichen Steuererklärung sowie erstmals mit der Durchführung der Internen Revision (outsourcing) betraut. Die Umsätze der Wirtschaftsprüfungsgesellschaft mit der Prüffix AG betragen seit dem Vorjahr 32% (davor 15%). Schnells Bruder ist Leiter der Buchführung der Prüffix AG und hat zudem wesentliche Teile seines Vermögens in Anteile der Prüffix AG investiert.

Prüfen und begründen Sie, ob WP Schnell nach dem HGB Abschlussprüfer sein darf.